赣南师范大学博士科研基金项目（编号：BSJJ202217）资助出版

中国高中日语
课堂改善的实践性研究

王佳颖　著

ZHONGGUO GAOZHONG RIYU

KETANG GAISHAN DE SHIJIANXING YANJIU

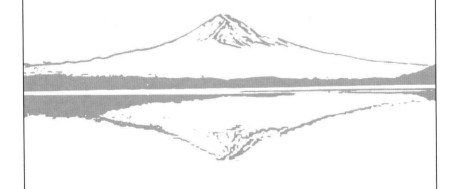

WUHAN UNIVERSITY PRESS
武汉大学出版社

图书在版编目(CIP)数据

中国高中日语课堂改善的实践性研究/王佳颖著.—武汉：武汉大学出版社,2023.6
ISBN 978-7-307-23649-3

Ⅰ.中… Ⅱ.王… Ⅲ.日语课—课堂教学—教学研究—高中
Ⅳ.G633.462

中国国家版本馆 CIP 数据核字(2023)第 053673 号

责任编辑:李晶晶 责任校对:李孟潇 版式设计:马 佳

出版发行: **武汉大学出版社** （430072 武昌 珞珈山）
（电子邮箱：cbs22@whu.edu.cn 网址：www.wdp.com.cn）
印刷:武汉邮科印务有限公司
开本:720×1000 1/16 印张:7.5 字数:111 千字 插页:1
版次:2023 年 6 月第 1 版 2023 年 6 月第 1 次印刷
ISBN 978-7-307-23649-3 定价:28.00 元

前　言

在跨国往来和跨文化交流日渐频繁的现在，文化导入已成为了外语教学中不可或缺的教学手段。尽管文化导入课程经常被不加区别地归为一类（Larsen-Freeman & Anderson，2013），然而笔者认为，根据外语教学目标维度的不同，可以将外语教学中文化所扮演的角色大致分为以下几种类型：

首先是微观的认知维度。在认知维度中，外语学习可以被看作听说读写四项基础技能的习得过程。在这样的语言学习中，文化是语言载体，是教师创建语言实践情境不可或缺的素材。例如在以 Cummins Matrix 为基础设计的 CLIL 教学中，丰富且逼真的文化素材，被大量地用于旨在提升学习者人际交往能力（Basic Interpersonal Communicative Skills，BICS）的语言实践情境构建。

其次是宏观的社会维度。在宏观的社会维度中，作为外语能力的延伸，跨文化交际能力乃至于在多文化多语言社会中的生存能力，被公认为在目的语社区生活工作所必备的关键能力之一。从 20 世纪末开始，欧洲掀起了指向多文化多语言社会公民能力素养培育的外语教学浪潮。而日本也将"多文化共生社会"的实现，作为本土日语教育的一个重要目标。在这样的教学目标下，仅仅围绕语言形式的使用而在架空语境中进行对话训练是远远不够的。文化内容的导入则弥补了传统的语言学习上人文性及社会性不足的重要短板。

近年来，随着全球化加速对外语人才的能力要求不断提高，外语教育目标越定越高和学习过程长期化的趋势也越来越明显。在个人学习维度

中，外语学习被看作一种动态的，可能贯穿学生整个学习生涯的过程。在这样的背景下，对学生学习意愿的培育及保持也成为了外语教学研究中最热门的课题之一。

尽管以 R. C. Gardner、Z. Dörynei 为代表的二语习得动机研究者为我们阐释了二语学习者动机从产生到付诸学习实践的过程，但是进入 21 世纪以来，在"social turn"思潮的影响下，二语习得动机研究的局限性开始受到众多研究者的关注。

其中以 B. Norton 为代表的研究者对二语习得动机产生自主学习行为的必然性进行了质疑。Norton 团队以加拿大移民的英语学习经历为对象，通过研究发现，学习者的动机并不总是能产生积极主动的语言学习行为。其中，"具有强烈学习动机的学习者在退出了某个语言补习教室之后又紧接着加入了另一个教室学习"，类似的行为更是表明，除了学习动机以外，学生在课堂上是否被周边化（marginalization）也是影响学习主动性的重要因素。

继续深究可以发现，尽管文化导入被公认为是提升学生动机，促进主动学习的有效手段，但是 Norton 团队所观察到的实例中，教师们往往都积极地采用了导入文化引导学生自主学习的教学策略。那究竟是什么因素导致了教师们导入文化促进主动学习策略的失效呢？为了弄清这一点，我们需要对外语教学中文化导入的教学原理作更深入的探讨。

而与英语学习者相比，日语等小语种学习者们的学习动机会更多的出于某些指向目的语群体的个人原因（Dörnyei & Al-Hoorie，2017：465）。因为学习小语种意味着他们不得不减少学习通用语——英语的时间，甚至还需要放弃学习英语的机会。中国高中日语学习者也处于类似的情况。在中国的高中教育里，外语教育是选择性必修课程，有条件的学校可以开设英语以外的语种课程。在这些学校里学生可以根据自身情况在入学时自愿选择学习英语或者其他语种的课程。日本国际交流基金于 2015 年实施的一项关于日语学习理由的调查结果表明，在中国的中等教育阶段日语学习者中，65.9% 的人选择了"对漫画/动画感兴趣"，58.9% 的人选择了"在日本学

习"，34.9%的人选择了"未来的工作/就业"。可以说，中国的高中日语学习者具有十分充分的、与日本文化和社会相联系的内在动机。

然而，通过进一步考察可以发现，在中国高中日语教育中也存在与 Norton 研究类似的事例报告。有一些中国高中日语教师指出，尽管他们有意识地在课堂内导入日本文化以促进学生的自主学习，但是仍然有"学生似乎没有动力"。那么在中国的高中日语课堂内，是否存在和 Norton 团队的研究类似的问题？如果有，那原因究竟是什么？又该如何改善呢？探讨这些问题，相信对中国高中日语课堂的改善有着很重要的意义。不仅如此，由于中国的高中日语学习者往往都是出于兴趣选择放弃英语开始学习日语，所以，以其为研究对象可以在较好地排除学习动机原因的基础上探讨外语教师的教学策略与周边化现象的联系。本研究建构的教学模型对于其他语种的教学也有一定的参考价值。

本研究以自主选择学习日语的高中外语学习者为课堂观察对象，从合法的边缘性参与理论入手，探讨导入文化的外语教学策略中可能存在的导致学生周边化的课堂要素，并通过课例开发及效果考察，进一步地探讨了改善外语课堂中周边化现象的教学策略。通过使用扎根理论等方法进行课堂分析，向读者展示了与周边化相关联的课堂情景，并通过模型建构，为读者提供了改善周边化现象的解决方案。

此书的编写得到了日本上越教育大学越良子教授和梅野正信名誉教授（现为学习院大学教授）的悉心指导，有关价值观培育的理论梳理以及课例开发得到了日本兵库教育大学福田喜彦教授和鸣门教育大学井上奈穗准教授的指导，在课例开发和实施方面得到了苏州第三中学唐笑叶老师的大力支持，在此向他们表示深深的谢意！出版过程中有幸得到武汉大学出版社李晶晶编辑的鼎力相助，再次致以诚挚的谢意！最后对多年来一直默默支持笔者生活及工作的家人、朋友表示由衷的感谢！

王佳颖

2022 年 9 月 30 日于江西赣州

目　　次

第1章　中国の高等学校日本語科における 日本語教育の現状と課題

1.1　中国の高等学校における日本語教育の急速な展開

1.1.1　社会的必要性の高まりによりもたらされた学校日本語教育の普及

　グローバル化が加速する中で，外国語①は，国境を越えたコミュニケーションを頻繁に行っているわれわれにとって，次世代を生きるための必要不可欠なスキルの1つとなっている。さらに，企業や個人の差別化競争が激しくなったのに伴い，英語以外の外国語(languages other than English，以下 LOTEs)の学習が盛んになった。その中で，日本語は，中国と日本の経済的・文化的なつながりによってもたらされた人材需要と日本文化熱のために，中国のLOTEs 学習者に人気のある選択肢となっている。

　この状況を受け，近年，中国においては，中等教育段階で多くの学校が

---

　① 母語以外の言語の学習については，第二言語習得や外国語学習などの言葉が使われている。本研究では，研究分野を表す場合は「第二言語習得」，教育，学習(者)及び授業に関連する内容を述べる場合は「外国語」を用いる。本研究の対象は外国語環境の「外国語」科授業で日本語を学習する中国人高校生だからである。なお，第二言語環境の教室における外国語学習を論述した研究もあげられる(Cammarata，2016)。参见：CAMMARATA, L. (Ed.). Content-based foreign language teaching: Curriculum and pedagogy for developing advanced thinking and literacy skills [M]. NY: Routledge, 2016.

日本語学科を開設してきた。1960年代には，東北地方での一部の中学・高校や国立(教育部，1984a；1984b)の外国語中等学校だけが日本語科を開設したが，国際交流基金の調査データによると，2009年には，中国中等教育段階で日本語学科を開設した学校の数が264校になり，さらに2018年には475校に大幅に増加してきた。このように，中国の中等教育段階の日本語教育は，国の外交人材養成のための予備教育及び歴史上日本とのつながりを有する地域での語学教育から，日中両国の架け橋となり，グローバル社会で生きる資質や能力を備えた人材の育成を目的とした教育へと変化してきたと推察される。

1.1.2   国際競争力の強化のためのLOTEs教育重視

中国の中等教育では外国語教科が選択必修科目であり，多くの学校ではLOTEs学科が開設されている。日本語科を開設した学校では，学習者たちが入学時に日本語か英語を履修することを自由に選択することができる。これまでの外国語学科では英語，ロシア語と日本語の学科だけに高校の「課程標準」があるが，2017年版の「高中課程方案」の公布とともに，スペイン語とフランス語，ドイツ語の課程標準も打ち出された①。このように，中国においては，学校教育の質の向上のために，選択必修科目としてLOTEs学科の教育の充実が行われてきた。

LOTEs学科の教育が一層重視されてきている背景には，改革開放後，国際貿易活動において国内企業の競争力を強化するために，中国では国民全体の外国語能力の向上が国家戦略上の重要課題とされていることがある。沈騎(2019)によれば，改革開放以来，先進国の発展経験や科学技術をいち早く吸収するために，中国の学校外国語教育はロシア語を中心にした状況から脱却し，英語教育の普及が求められてきた。さらに，21

---

①　中国教育部(2020)《教育部关于印发普通高中课程方案和语文等学科课程标准(2017年版2020年修订)的通知》教材〔2020〕3号.

世紀に入り，WTOへの加盟や「一帯一路」提案以降，英語以外の言語を公用語とした国・地域でのビジネス事業及び国際協力における中国国内企業の展開をさらに促進するために，各国の公用語でコミュニケーションできる人材の育成の加速が求められてきた。このように，外国語人材の多様化という国家戦略においては，LOTEs 教育の普及が急務となり，その中で日本語教育が重要な一環として位置づけられてきた(林洪・徐一平, 2019：72；日語課程標準研製組, 2003：162)。

1.1.3　高等学校の多様化・特色化政策によりもたらされた特色ある外国語教育の創出

　さらに，高校の多様化・特色化政策が，高等学校における日本語教育による特色ある外国語教育の創出を保障している。中国は1960 年代から行った重点校・模範校政策に継ぎ，2010 年の「国家中長期教育改革及び発展計画要綱(2010—2020) 」により，高校の多様化・特色化政策を打ち出した。野澤・王(2021)によれば，多様化・特色化政策は，重点校・模範校政策の，優秀な人材を育成するという機能を継承しながら，全国的な高校教育の普及や非重点校に対する支援等教育公平に関する課題に取り組むために打ち出されたものであり，次世代に生きる学習者たちのニーズに応じて新たな教育実践を創出し，学校特色づくりを図っている政策である。この政策のもとで，各学校は，自身の状況をもとに，学校の特色を生かし，様々な教育実践を開発することができる。日本語教育においても，蘇州第三中学校(江苏省教育厅①, 2015)，上海甘泉外国語学校(上海市教育委員会②, 2019)などの学校が，それぞれの省で日本語教育

---

①　江苏省教育厅(2015)《关于公布2015 年普通高中课程基地建设项目的通知》苏教基〔2015〕14 号.

②　上海市教育委員会(2019)《关于命名上海市甘泉外国语中学,华东政法大学附属中学,上海海事大学附属北蔡高级中学为"上海市特色普通高中"的决定》沪教委基〔2018〕15 号.

を特色とした学校として特色学校と認定された。このような教育行政制度改革は，中国の中等教育段階学校が自身の教育理念をもとに日本語教育の特色を創出することを保障しているのだろう。

　これまで考察したように，社会的必要性の高まり，国際競争力の強化のためのLOTEs教育重視並びに，学校中心型の特色創出などの要因が複合的に作用したことにより，近年中国の高校において日本語教育が急速に展開されてきたと推察される。現在，中国の高校日本語教育は，「立徳樹人」（道徳心を培い，人間性を育む）の教育理念に基づき，日中両国の架け橋の役割を果たす国際的な人材を育成し，「国民素養」の育成を目標として，斬新な発展階段に入っていると林洪（2021）が指摘している。このように，外国語を特色とする学校はさらに増える傾向があるため，今後高校の日本語教育がさらに展開されていくと考えられる。

1.2　中国の高等学校における日本語教育の実践的課題

1.2.1　教育課程改革の推進による主体的な学習の重視

　学校日本語教育の急速な展開では，世界的な動向を踏まえた，中国の教育課程改革の理念を具現化することが急務となっている。21世紀の知識基盤経済時代の競争に適応する人材の育成（钟启泉，崔允漷，张华，2001：3-4）のために，中国教育部が2001年に新たな教育課程，「高中課程方案」及び各学科の「課程標準」を打ち出し，「素質教育」を目指す「自主・合作・探究」学習を図る教育改革を推進してきた。

　近年，OECDによる「キー・コンピテンシー」という学力観の提案につれ，世界各国も，次世代の社会に生きるのに必要な資質・能力として新たな学力観を打ち出し，それへのシフトを推進してきた①（Voogt &

---

　① 例えば，EUの「key competence for lifelong learning framework」，アメリカの「Framework for 21st Century Learning」が挙げられる。主要なキーコンピテンシー（もしくは21世紀型能力）の枠組みの比較はVoogt & Roblin（2012）を参照されたい。

Roblin, 2012)。この流れの中で，中国でも「次世代社会で自己を実現しな
がら社会の進歩を担う」ために必要な資質能力として2017年に「中国学生
核心素養」(以下「核心素養」)が提案された。「核心素養」を中核的な概念
として，2017年年末に打ち出された「2017年版高中課程方案」及び各学科
の「課程標準」①は，「自主・合作・探究」学習を図る教育改革をさらに深
めた。

　「自主・合作・探究」は，自ら自分自身を省察しながら，自主的・協働
的・探究的に学習するという意味であり，「核心素養」の育成を目指す質
の高い教育を実現するために打ち出された，学習のあり方を示す理念で
ある(钟启泉,崔允漷,张华, 2001)。「核心素養」は「キー・コンピテンシ
ー」が中国でローカライズされた概念である。それは，学習者に生涯発達
と社会発展のニーズを満たせるように，各学校教育階段において段階的
に育成する品格と能力と言われている(林崇德, 2017)。「核心素養」の中
核に位置づけられたのは，「省察性」(reflectiveness)という概念である
(OECD, 2005)。「省察的な思考は比較的に複雑な心理過程を求め，思考
過程の主体がその対象になることを必要とする」とOECD (2005：8)が述
べたように，省察とは，省察の対象である自分自身に立ち返り，自分のこ
とを考え続けることで，自分の考え方や行動を常に調整することである
と考えられる。換言すれば，省察の過程は探究もしくは問題解決の過程
であり，省察性は人間の心の主体性を反映しているのである(張華,
2016)。このように，中国においても，次世代を担う人材育成を目指し，
生涯学習に不可欠な資質・能力として主体性が求められており，なおか
つ，思考力や問題解決能力などの高度の資質・能力の育成のために，主
体的な学習を保障する授業環境の構築が必要とされている。

---

　① 中国教育部(2020)《教育部关于印发普通高中课程方案和语文等学科课程标
准(2017年版2020年修订)的通知》教材〔2020〕3号.

1.2.2 主体的な学習の実現をめぐる日本語教育の理念と現状の ギャップ

　この動向を見据え，日本語課程標準(2017 年版)の改訂は，生活，人文，社会，自然という4 種類の内容をテーマにした語学学習の強化を求めている。主体的な学習を支える外国語授業を作るためには，学習者が十分なコミュニケーションをとれる環境の構築が必要であろう。外国語授業において，題材としてこれらのテーマが取り上げられることによって学習内容が充実し，興味関心のある内容について深く考えさせ，自分の見方・考え方を積極的に表出するよう促し，さらに，習得した言語知識を実践するための足場を構築することが可能である(Coyle, Hood & Marsh, 2010)。このように，日本語課程標準(2017 年版)の改訂における文化と言語を統合する教授法の推進は，学習者の興味関心の導入による自発的な言語使用環境の構築を通して，主体性重視の理念を具現化したものであるといえる。

　現在，いかに教育実践現場で「核心素養」の育成に関する理念を貫くのかが現場の教員と研究者両方の注目を集めているのに伴い，中国の学校教育改革は本格化した(朱文輝，2016；马，金，白，2019；李允，2017)。日本語学科においても，教育改革理念と実際の授業実践の間のギャップを埋める実践研究が必要とされている(林洪，徐一平，2019)。しかしながら，主体的な学習について，中国の高校日本語科教師から，授業に興味関心を取り入れているにもかかわらず，「学習者はやる気がない」といった現状に関する指摘が相次いだ①。これまでの日本語教育分野の研究で

---

　① 例えば，2015 年，中国における日本語科を設置する学校の教員により結成された学術研究団体である中等日語課程設置校工作研究会の研究会誌，『中等日語教育研究』(年 2 回発行)における「中等日語教育」の現状に関する特集では，王(2015)，向(2015)が学習者の学習意欲・主体性不足に関する問題を報告している。参见：向阳.湖北省恩施州高中学校日语教育概况[J].中等日语教育研究,2015(2)：16-17.王梅. 蒙古族地区日语课程概况[J]. 中等日语教育研究,2015(2)：17-18.

は，学習者の日本語学習動機の低いことを授業での学習意欲不足の原因として挙げ，学習者の興味関心を取り入れた授業工夫の検討により，学習動機を高めることが必要とされた (郭，大北，2001；大西，2014)。しかし，前述したように，中国の中等教育においては，外国語科が選択必修制である。そのため，日本語科を開設した学校では，日本語学習者が自主的に日本語学習を選択して学び始め，明確な学習動機を持っているといえよう。さらに，中国，特に都市部の学校の日本語学習者たちは，日常生活やインターネットでの日本文化の接触や，日本留学に関する機会が多くある。このような現状を踏まえて考えると，興味ある日本文化の接触により日本語学習の動機が高まっている (大西，2014) と考えられるにもかかわらず，学習者の興味関心を取り入れた授業工夫の効果が限られているのには，何か他の原因があるのではないかと考えられる。

1.3　外国語授業構成論におけるアイデンティティの視点

1.3.1　周縁化の状況が存在する可能性

　外国語学習者の消極的な学習行為を理解するためには，消極的な学習行為は情意要因①(Krashen，1982) だけでなく，マクロ的，そしてしばしば不公平な社会構造との関係を切り離して理解することはできないと Norton(2013；156) が指摘した。外国語学習の動機が明確であるが授業で学習しないという課題に対して，学習者が授業で「周縁化(marginalization) されると自分の意見を言えずに発言をもがいている(struggling)」ことが原因となり得ると Norton (2000；16) は述べている。Norton (2000) によれば，周縁化とは，語学授業の参加から不参加に変わり，最終的に授業から退

---

　①　Krashenの情意フィルター仮説に代表される従来の第二言語習得理論が第二言語習得行為を個人の情意要因に直接的に結びつけた。

出するのに伴う，アイデンティティの変化の過程である。すなわち，外国
語学習において，その主体者として存在できず，学習活動の周縁部に追
いやられてしまうならば，学習者は学習活動に参加したくともできず，
発言したくともできない。このことから，主体的な外国語学習のために
は，もし授業に，学習者を沈黙させる周縁化が存在するならば，周縁化の
原因を考察し，周縁化される状況の改善について検討することが必要で
あるといえる。

1.3.2　周縁化の改善を目指すために社会・文化の内容学習を工夫する必要性

　学習者はもはや強力な制度によって受動的に学習するのではなく，ま
た，他人から教えられたことを学ぶだけでもない。彼らは主体性を発揮
し，他人の認識や制度的な偏見を変え，なりたい自分になる，すなわち望
ましいアイデンティティ獲得のために努力するのである（Lantolf &
Pavlenko, 2001）。外国語学習は，近年の「social turn」（Block, 2003），すな
わち第二言語習得を個人の心理過程だけでなく，社会・文化的な言語実
践としてとらえる方向性が示すように，学習者が外国語学習により自分
と社会の関係を絶えず再構築する過程として捉える必要がある。外国語
学習者の究極の目標は，目標言語集団の一員になることであろう
（Gardner & Lambert, 1959など）。目標言語集団とは，例えば日本社会な
ど，当該言語を用いる社会や文化の集団を指す。主体的な外国語学習を
図るためには，社会・文化に関する内容学習により，目標言語集団に対
する認識を深めながら，その集団における自分に対する期待を考え続け
るように導くことでアイデンティの再構築を促進することが必要と言え
よう（Norton, 2001）。すなわち，外国語学習を望ましいアイデンティティ
獲得に繋がる行為として捉えることで，外国語学習における周縁化がど
のような時に生じうるのかといった周縁化の原因を明らかにすることが
可能となり，その改善のための授業構成について示唆を得ることができ

ると考えられる。

　外国語教育においては，CBI（Content-Based Instruction，内容重視型学習）やCLIL（Content and Language Integrated Learning，内容言語統合型学習）など，社会・文化の内容を重視する教授法が開発されてきた。しかしながら，これらの方法のほとんどが文化を暗黙のうちに扱っているようで，外国語教育においては意図的に文化そのものの教育を省略しようとする傾向があるといえる（Larsen-Freeman & Anderson，2013）。Larsen-Freeman et al.（2013）はこれまでの外国語教授法を概観した上で，これらの教授法は文化を利用して言語習得を促進しているが，文化自体が学習の対象ではないと指摘した。換言すれば，これらの教授法は社会・文化の内容が言語習得に与える促進効果を肯定したが，その（社会・文化の）内容学習を自明視した。世界中の内容重視型授業において，社会・文化の内容学習による言語習得の促進効果が報告された①（Coyle，Hood & Marsh，2010；原田，2019；Tedick & Wesely，2015）一方で，詳細は第2章で後述するが，教師が豊富な内容を取り上げたにもかかわらず，学習者が自分の考えを否定され，発言を許されず，自らその授業から退出した事例研究も見られる。

　したがって，社会・文化の内容をどのように教えればよいかについてさらに検討することが，主体的な学習を目指す外国語教育の授業改善の方向の一つであるといえる。

1.4　研究目的と各章の構成

　そこで，本研究は，中国の高校日本語科教育において学習者の主体的な学習を促す実践課題に取り組むために，学習者の授業における周縁化

---

　① 　ヨーロッパのCLIL学習の学習成果についてはCoyle et al（2010）の第7章のレビュー，アメリカのCBI学習の学習成果については原田（2019）及びTedick & Wesely（2015）のレビューを参照されたい。

の原因を検討し，それを踏まえた授業構成原理を明らかにし，授業モデルを作成することを目的とする。

　研究目的を達成するために，図1-1に示すように，まず，第二言語習得の主体性に関する先行研究を踏まえ，中国の日本語教育の授業改善の課題を検討する。(第2章)

　次に，中国の日本語教育において第2章で析出した課題に取り組む必要性を示すために，実際の授業で実証的に考察する。(第3章)

　そして，第2章で析出した課題に取り組むために，どのような構成原理が求められているのかをモデル授業の開発を通して検討する。(第4章)

　さらに，実験授業のデータ分析により，授業モデルの効果を考察する。(第5章)

　最後に，以上の考察をもとに，本研究の成果と今後の課題を明らかにする。(終章)

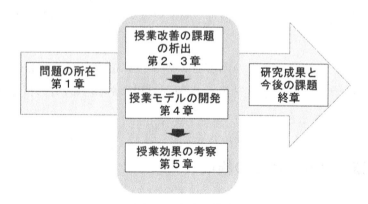

図1-1　各章の構成

◎引用文献

[1] 中国教育部. 教育部关于开办外国语学校的通知[M]// 张健.中国教育

年鉴 1949—1981. 北京：中国大百科全书出版社,1984：737.

[2] 中国教育部.教育部关于办好外国语学校的几点意见[M]// 张健.中国
教育年鉴 1949—1981. 北京：中国大百科全书出版社,1984：742-743.

[3] 伏泉. 新中国日语高等教育历史研究[D].上海：上海外国语大学,2013.

[4] 国際交流基金.海外の日本語教育の現状 日本語教育機関調査· 2009
年 概要[M].東京：凡人社,2011.

[5] 国際交流基金.海外の日本語教育の現状 2018 年度日本語教育機関調
査より[EB/OL].[2021-05-15].https://www.jpf.go.jp/j/project/japanese/
survey/result/dl/survey2018/all.pdf.

[6] 沈骑.新中国外语教育规划 70 年：范式变迁与战略转型[J].新疆师范大
学学报(哲学社会科学版),2019, 40(5)：68-77.

[7] 林洪,徐一平编.《普通高中日语课程标准(2017 年版)》解读[M].北京：
高等教育出版社,2019.

[8] 日语课程标准研制组.日语课程标准(实验)解读[M].南京：江苏教育出
版社,2003.

[9] 中国国家中长期教育改革和发展规划纲要工作小组办公室.国家中长期
教育改革和发展规划纲要(2010-2020)[EB/OL]. [2022-01-08].http://
www.gov.cn/jrzg/2010-07/29/content_1667143.htm.

[10] 野澤有希,王佳穎. 中国における高校教育の重点校·模範校から多
様化·特色化への政策転換と展開に関する研究[J].上越教育大学研
究紀要,2021, 40(2)：373-382.

[11] 胡锦涛.坚定不移沿着中国特色社会主义道路前进,为全面建成小康社
会而奋斗 [EB/OL]. http://www. gov. cn/ldhd/2012-11/17/content_
2268826.htm.

[12] 林洪.从国民素质的提升看中学日语教育[J].中等日语教育研究,2021
(30)：20-35.

[13] OECD. The knowledge-based economy. [EB/OL].[2022-01-08].https://
www.oecd.org/officialdocuments/publicdisplaydocumentpdf /?cote＝OCDE/

GD%2896%29102&docLanguage=En.

[14] 钟启泉,崔允漷,张华.为了中华民族的复兴 为了每位学生的发展——《基础教育课程改革纲要（试行）》解读[M].上海:华东师范大学出版社,2001.

[15] OECD. The definition and selection of key competencies executive summary [EB/OL]. [2022-01-08].https://www.oecd.org/pisa/35070367.pdf.

[16] VOOGT, J., & ROBLIN, N. P. A comparative analysis of international frameworks for 21st century competences: Implications for national curriculum policies [J]. Journal of Curriculum Studies,2012, 44(3): 299-321.

[17] 林崇德. 中国学生核心素养研究[J].心理与行为研究,2017,15(2): 145-154.

[18] OECD. The definition and selection of key competencies executive summary. [EB/OL]. [2022-01-08]. https://www. oecd. org/pisa/ 35070367.pdf.

[19] 张华. 论核心素养的内涵[J].全球教育展望,2016,45(4):10-24.

[20] COYLE, D., HOOD, P., & MARSH, D. CLIL: Content and language integrated learning[M]. Oxford: Cambridge University Press,2010.

[21] 朱文辉. 新课程改革:从"深水区"到新常态[J].教育发展研究,2016 (2):19-23.

[22] 马云鹏,金轩竹,白颖颖. 新中国课程实施70年回顾与展望[J].课程·教材·教法,2019,39(10):52-60.

[23] 李允. "深水区"的课堂教学改革:在反思中前行[J].课程·教材·教法,2017,37(8):29-34.

[24] 郭俊海,大北葉子.シンガポール華人大学生の日本語学習動機づけについて[J].日本語教育,2001 (110):130-139.

[25] 大西由美.日本語学習の動機づけに関する縦断的研究:日本語接触機会が少ない環境の学習者を対象に[D].北海道:北海道大学,2014.

[26] KRASHEN, S. Principles and practice in second language acquisition

［M］. Oxford：Pergamon Press，1982.

［27］NORTON，B. Identity and language learning：Extending the conversation ［M］. Clevedon：Multilingual Matters，2013.

［28］NORTON，B. Identity and language learning：Gender，ethnicity and educational change［M］. Boston：Allyn & Bacon，2000.

［29］LANTOLF，J.，& PAVLENKO，A. Second language activity：Understanding learners as people［M］// BREEN M. Learner contributions to language learning：New directions in research. Harlow：Longman，2001,141-158.

［30］BLOCK，D. The social turn in second language acquisition［M］. Georgetown：Georgetown University Press，2003.

［31］GARDNER，R.C.，& LAMBERT，W.E. Motivational variables in second-language acquisition［J］. Canadian Journal of Psychology，1959，13（4）：266-272.

［32］NORTON，B. Non-participation，imagined communities and the language classroom.［M］// M. P. BREEN. Learner Contributions to Language Learning：New Directions in Research. Harlow：Longman，2001：159-171.

［33］LARSEN-FREEMAN，D.，& ANDERSON，M. Techniques and principles in language teaching（3rd ed.）［M］.Oxford：Oxford University Press，2013.

［34］原田哲男. 内容重視の言語教育（CBI）と内容言語統合型学習（CLIL）の実績と課題［J］.第二言語としての日本語の習得研究，2019,22：44-61.

［35］TEDICK，D. J.，& WESELY，P. M. A review of research on content-based foreign/second language education in US K-12 contexts［J］. Language，Culture and Curriculum，2015，28（1）：25-40.

第2章 主体的な外国語学習を図る授業構成に関する実践的課題

　現代社会において，仕事や旅行などで国家間の移動が当たり前となり，総合的な外国語運用能力ならびに，生涯にわたって外国語学習を継続する態度を養うことが求められている。このような教育目標の高度化と長期化に伴い，学習者の主体性を育むことが外国語授業の方法かつ目標として必要とされている（DFG, 2016）。主体的な外国語学習を促すために，学習動機に関する研究（Crooks & Schmidt, 1991；Dörnyei & Ushioda, 2009；Gardner & Lambert, 1959など）が50年以上にわたって行われており，動機づけに関する授業方略（Dörnyei, 2001）も教育実践現場でよく使用されている。このように，第二言語習得分野においては，成功する学習者は内発的な動機づけと自律性を兼ね備えた積極的な学習者（Ushioda, 2003）として捉えられており，学習動機を高めることにより，主体的な外国語学習を促すことが重視されてきている。

　近年，外国語学習の主体性の社会的側面が注目されてきた。例えば，Lantolf & Pavlenko（2001：148）は，主体性は決して特定の個人の「財産」ではなく，周囲の人々や社会全体との間で，常に共同構築され，再交渉される関係性にあると指摘している。この背景を受け，社会構造やアイデンティティとの複雑な関係における外国語学習の主体性の形成・変化を示す事例考察が多くなされてきた（McKay & Wong, 1996；Norton, 2000など）。これらの研究では，主体性は人のアイデンティティと社会的な構造の相互作用の中で形成されていると示されたため，主体性に関する外国

語教育の実践課題に取り組むためには，学習動機という個人中心の視点以外にも，社会的な側面から関係論的な検討を行うことが求められている。

　そこで，本章では，中国の高校日本語科の日本語教育における主体性に関する教育改善の課題を明らかにするために，外国語学習者の主体性に関する研究動向を整理し，関係論的視点から，主体性を尊重した外国語学習を図る授業構成に関する実践的課題を検討する。

2.1　社会的視点から捉えた第二言語習得の主体性

2.1.1　主体性の定義の二面性

　主体性（agency）とは，個人的または社会的変革をもたらす目標を追求するために，人々が選択し，コントロールし，自己調整する能力である（Duff, 2012：417）。われわれの主体的な行為の根底には自己意識がある（Korsgaard, 2009：19）一方，社会的行為者であるわれわれは，社会関係の構造的な制約を受けると同時に，共同体の一員として社会の形成に貢献している（Bourdieu & Wacquant, 1992：167-168）。換言すれば，主体性は個人と社会の両側面から捉えることができると考えられる。その両極端はParsons（1968）が示した。それによれば，主体性を捉える極端では，決定論（determinism）という，個人の行動が全て社会的な状況（social condition）次第であるという捉え方がある。これに対して，社会環境の影響を受けず，個人の行動が全て自律性（autonomy）次第であるという捉え方もある。しかし，社会構造を強調しすぎると行為者の力が過少視されるようになり，個人を強調しすぎると，時空間が我々に与えるリアルな制約が無視されてしまうようになる（Carter & Sealey, 2000；Gkonou, 2014）。つまり，我々の行為を一元的に簡略化にすることで生成された理論は必ずしも行為者と社会の複雑関係をうまく説明することができない。

2.1.2 アイデンティティ構築に必要な資本を獲得できる場

第二言語習得分野においては，学習動機以外にも，目標言語集団との
つながりが外国語学習者の主体性に影響を及ぼすことが，Nortonの研究
(Norton Piece, 1995; Norton, 2000; 2001)により注目されるようになって
きた。当時の多くの理論が，動機を学習者個人の個人変数として捉えた
うえで，・目標言語の学習を失敗した原因は学習者が学習に積極的に関
与していなかったことだとしていた(Norton Piece, 1995)。

消極的な外国語学習に関連する社会的要因を検討するために，Norton
(2000; 2001)は，語学授業の参加から不参加に変わり，最終的に授業から
退出するのに伴うアイデンティティの変化を周縁化(marginalization)とし
て捉え，カナダ社会における成人移民5名の英語習得過程を考察した。
考察対象の中の2名，KatarinaとFericiaが，学習動機が高いにもかかわら
ず，英語学習をめぐる教師との意見対立(Katarinaは教師にパソコンスキ
ルの学習のための英語能力があることが否定された。Fericiaは授業で母
国ペルーの生活について発表したが，まとめの時に教師に「主要国ではな
い」という理由で省略された)が起きたため語学学校の英語学習を諦めた
と報告されている。このように，Nortonは授業の実践共同体におけるメン
バー間の力関係がカナダの女性移民学習者に加えた制約を検討したこと
により，学習動機が高いにもかかわらず消極的に学習し，ないし授業か
ら退出することが起きる可能性を示した。

学習者個人の背景にある力関係が及ぼす影響を検討するために，Norton
はBourdieu (1977)をもとに，学習者の主体性を「投資」として概念化した
(Lantolf & Pavlenko, 2001)。Norton(2013：50-51)によれば，学習者は外国
語学習を通して，必要な文化資本，すなわち外国文化や言語技能などを
獲得し，また獲得した文化資本を通して，望んでいる社会関係資本，すな
わち目標言語集団成員との人間関係を築くことを求めており，さらに資
本の獲得に伴い，学習者は絶えずアイデンティティを再構築する。

　Nortonが提案した投資の概念を踏まえて考えると，外国語授業は学習者が望ましいアイデンティティを構築するために必要な資本を獲得できる場として捉えることができる。従って，学習者が聞く，話すなどの四技能を練習する機会がそこで十分に獲得できると思えば，積極的に外国語学習を行うことが考えられる。しかしながらその一方で，たとえ技能練習の機会が得られても，その授業で自分の発言が許可されず，自身のアイデンティティが認められないと判断する場合，そこで時間やお金の資本を投入しなくなり，周縁化してしまうだろう。換言すれば，外国語学習の意欲は必ずしも個人変数としての学習動機と同一視できるとは限らず，明確な学習動機を持っている外国語学習者の場合でも，その学習意欲の変容は，授業での言語実践の機会次第であることが示唆される。

2.2　正統的周辺参加論の視点からとらえた外国語学習者の主体性

　外国語学習者が外国語を練習する機会がどのように社会的力関係の影響を受けるかをさらに検討するために，個々の外国語学習者を社会的な状況と結びつけることができる，包括的な理論が必要であろう。このような理論として，正統的周辺参加論が指摘できる（Norton, 2000；2001；Duff, 2002；Lantolf & Pavlenko, 2001など）。

　本節では，正統的周辺参加論をもとに，外国語学習者の言語学習はいかに教室の実践共同体の力関係の影響を受けるかについて検討する。

2.2.1　外国語学習者のアイデンティティ構築

　正統的周辺参加論は，状況論に依拠する学習理論であり，Lave & Wenger(1991)によって状況的学習として提唱された概念である。正統的周辺参加論において，学習とは実践共同体に参加してアイデンティティが構築される過程であり，最初は周辺的位置から始まり，最終的に中心

的メンバーになる学習プロセスである。そのプロセスの中で，最初の段階でも学習プロセスに正規に参加しているという意味で「正統的周辺参加（legitimate peripheral participation）」と呼ばれ，最終的な段階は「十全的参加（full participation）」といわれている。一方，中心的メンバーにならない状態で周辺的位置に留まり，最終的に共同体を離れることは「周縁的参加（marginal participation）」と呼ばれる。

　正統的周辺参加論を踏まえると，外国語学習者のアイデンティティとは，「自分の未来への可能性，自分と世界との関係，そしてその関係がどのように時空間を超えて構築されていくのか」（Norton, 2013）も含めて自分が何者であるかについての自己定義と言える。そのため，正統的周辺参加論の視点から，外国語学習は，学習者が授業で目標言語を話したり，読んだり書いたりするたびに，他の授業参加者と情報交換だけでなく，自分が何者であるか，自分が世界とどのように関係しているかということを理解しながら，授業での自分の位置づけを交渉している過程として捉えることができると考えられる。

　このように，外国語学習者は言語を学び使用することにより，自分のアイデンティティを構築しているといえる。

2.2.2　授業の実践共同体に埋め込まれる外国語学習者

　正統的周辺参加の過程において学習者の持続的な成長を支えるのは，共同体参加における正統性（legitimacy）と周辺性（peripherality）である（Wenger, 1998）。

　その中での正統性とは，学習者が実践共同体の正規メンバーとして存在しうることであり，多くの場合，実践共同体の中心的メンバーがそれを認める権限を持つ（Lave & Wenger, 1991）。共同体の力関係の中心に置かれるメンバーに認められないとその共同体から排除されるため，この特性は学習者が実践共同体に参加する前提であると言える。

　外国語学習者は，目標言語集団あるいは授業の実践共同体において，

その語学の未熟故に十全的参加は難しい。しかしながら正統性が認められれば，周辺的にでも参加は可能となる。このことは逆に，正統性を認められなければ周辺的参加すら叶わず，周縁的参加すなわち周縁化してその共同体を離れざるを得なくなることを意味する。外国語授業の場合，言語活動において，発言に対する教師の許可の如何によって外国語学習者の授業参加の正統性が決まると言える。

2.2.3　他のメンバーとの競争関係にもある外国語学習者

ウェンガー・マクダーモット・スナイダー（2002：33）によれば，実践共同体とは，「あるテーマに関する関心や問題，熱意などを共有し，その分野の知識や技能を持続的な相互交流を通じて深めていく人々の集団」である。この定義から，実践共同体のメンバーが，お互いに協力しながら同じ目標に向かって努力するという対等的な関係にあるといえる。

一方学習者は，共同体に参加するために，他のメンバーとの比較を通して有能な学習者であろうとし，より優位な立場を求めている。レイヴ・ウェンガー（1993）によれば，実践共同体においては学習者の成長の連続性と，成長に随伴する置換との矛盾がある。周辺的参加者は十全的参加者へ成長することで実践共同体の中心的な位置を占める一方で，将来他のメンバーの成長により自分が取って代わられる可能性もある。このことから，学習者は自身と同様に十全的参加を求める他のメンバーとの競争関係にもあるといえる。

そのため，より良い学習者になりたいという強い意欲にもかかわらず，能力不足の学習者が競争圧力を受けてより良い位置に移動することが困難となる。Wenger（1998）によれば，この状況に置かれる学習者のアイデンティティは，自身と実践共同体との関係を不参加の視点から理解する特性，いわゆる周縁性（marginality）を形成し，その場合，学習者は，周辺的位置に置かれる状態が長く持続していくと認識し，学習への参加を諦めがちである。

2.3 学習者の周縁化をもたらす外国語授業の状況

　一般的に，外国語によってアウトプットする機会があれば，自分の伝えたいことと自分の伝えられることとのギャップに気づくことができ，そのギャップを埋めるために，既習の言語知識を意識的に省察することが促されるだろう(Swain, 1995)。つまり授業で社会・文化の内容を取り上げるという工夫によって，学習者に対して自発的に発言する機会を保障することが，主体的な外国語学習を促す。しかしながら前節で述べたように，学習者が自分の発言が許可されない，あるいは競争関係の中で周辺的位置に置かれ続けると判断した場合，学習者は周縁化し発言を控えると考えられる。では，どのような外国語学習の状況が，学習者にそのような認識を形成させ，周縁化に導くのか。

2.3.1 教師との対立

　この課題について，Norton（2000）などの事例考察が示唆的である。前述したように，Norton（2000）では，Fericiaという女子学生が母国ペルーの生活について発表しようとしたとき，教師に「主要国ではない」という理由で省略されたことが見られた。このことにより，彼女は学習動機が高いにもかかわらず，その授業から退出したと報告された。また，Menard-Warwick（2009）の授業考察では次の事例があげられる。ホームレスについての議論の中で，Sabahがカリフォルニアと自国のホームレスの人々との個人的な経験を紹介しようとした。しかし，教師は，Sabahの意見と矛盾する教科書の一節を提示した上で，彼女の考え方が間違っており，無関係だと指摘し，その発言を中断させた。これらの事例から，教師が授業で外国語練習の機会を設けるために様々な社会・文化の内容を取り上げて授業を構成しているが，その指導が学習者のアイデンティティと衝突した場合，学習者は自発的な発言をやめ，周縁化しがちと言える。

2.3.2　学力格差による非対称関係

　カナダの大学での 6 名の日本人留学生を対象にした Morita（2004；2012）は，英語学習者が自分の推定した授業状況の違いに応じてアイデンティティを変容させる過程を示した。考察対象の Emiko は，言語学の授業で自分の英語発言が自分に対する他者からの評価の低下をもたらすことを懸念し，授業では沈黙しがちであった。このような授業参加の仕方によって Emiko のストレスは軽減されたものの，そうした長い沈黙により Emiko は授業活動で周縁化され，いっそう発言機会の獲得が困難になっていった。このように，社会・文化の授業工夫を行わない場合，学力格差による非対称関係の劣位に置かれる学習者が周縁化し，学習を諦めがちであると示唆された。

　これまで考察したように，社会・文化の内容を取り上げる授業構成の工夫は，主体的な学習を促すと思われる一方，社会・文化の学習によりもたらされた教師と学習者との対立の状況において，自発的な発言をやめ，周縁化しがちであると示された。さらに，言語知識・技能の習得を中心にした授業においても，学力格差によって周縁化が起きる可能性が示唆された。すなわち，自文化に対する否定や自身の考えあるいは自身の学力に対する否定は，まさに学習者のアイデンティティの否定であると言える。

2.3.3　興味関心があるにもかかわらず外国語学習意欲低下という課題への示唆

　学校には独自の文化，能力観や指導体制があるだろう。しかし「学校の実践が自己完結的になれば，（中略）学校での学習は，学校での学習に過ぎないのである」と Wenger（1998：267）が指摘した。外国語授業の場合，言語の知識・技能の練習を中心にした授業では，学習者が他のメンバーとの競争の関係に巻き込まれ，既存のアイデンティティの維持までも困

難になって周縁化しがちである。

　しかし，外国社会・文化の内容を導入した授業であっても学習者が必ずしも主体的に学習するとは限らない。社会・文化の内容学習により周辺的な参加を支えるとき，教師は目標言語集団への案内人のような役割を果たしているだろう。しかし，教師が社会・文化の内容の教授で自分の権威に固執し，あるいは学習者の生活や背景を無視する場合，学習者に「自分に意味のあるアイデンティティと学習との間の選択を迫り，その選択は彼らの社会的・個人的な生活と学校での知的な関与との間に矛盾を生じさせる」（Wenger，1998：269）。この状況では，学習者が自分らしく授業に参加し続けることが困難となり，すなわち授業の実践共同体に参加する正統性を失ったと感じることになる。

　つまり，正統的周辺参加論から見れば，外国語授業で興味関心があるにもかかわらず学習意欲低下という状況は，社会・文化の内容学習により周辺的な参加を支える授業方略がかえって学習者の正統性を失わせ，周縁化を助長したことに起因するのではないかと考えられる。

　次の節では，実践事例の考察を通して，外国語授業への正統的周辺参加を支えるためにはどのような授業構成が必要なのかについて検討する。

2.4　主体的な参加を図る外国語授業開発の取組みと課題

2.4.1　主体的参加を図る授業実践の方法

　外国語授業を，「さまざまな歴史，投資や未来への願望を持つ学習者たちのための可能性の場として再構築する」（Pavlenko & Norton，2007：598）方法を探るために，世界各地で授業実践考察が行われてきた。

　共同体参加プログラムの活用　その中で，共同体参加プログラムを活用した方法として，Yashima & Zenuk-Nishide（2008）が挙げられる。日本

　の高校生 165 名を対象にした調査を行った Yashima et al.（2008）では，短期留学プログラムの英語学習に対する促進効果が国内学習より高く，なおかつ，模擬国連を中心にした内容重視型学習のプログラムの促進効果が進学プログラムより高い結果が得られた。この結果をもって，Yashima らは，理想のアイデンティティ形成に大きく関連する共同体，いわゆる「想像の共同体」につながる授業活動に参加することが主体的な外国語学習をもたらすと示した。

　同様に，Ai & Wang（2016）が中国の大学英語授業で，学習者のアイデンティティの（再）構築を求めるために，ローカルコミュニティとも目標言語集団とも異なる「第3の空間（third space）」の構築の試みを報告した。

　Ai et al.（2016）は，英語学習への投資を，英語を使う権利を主張するためのアイデンティティ構築への投資とみなした。そのうえで，母語話者でもなく目標言語母語話者でもない「ハイブリッドのアイデンティティ」の構築を保障するためには，「彼らのアイデンティティ（再）構築のための可能性を秘めた生産的な空間」（ibid.: 4），いわゆる「第3の空間」が必要になると考えられている。そのため，3 週間のコースでは，Ai は外国人教師 1 名と協力しながら，Ai 自身のオーストラリア留学の海外経験を手がかりに，他の学習者及び教師との対話により，自分自身を振り返って見つめ直し，アイデンティティを（再）構築することを求めていた。

　媒介物を通した経験の共有　また，媒介物を通して自他の経験を共有する授業実践もある。例えば，Norton（2013）は，カナダの女性移民の学習者を対象に，カナダでの生活の悩みなどについて日記に書かせ，それを授業での討論に持ち込ませるという「日記研究」（diary study）教授法を実践している。

　類似する研究として，「digital storytelling」の技法，すなわち写真や一人称の動画を組み合わせて制作した物語により自分自身の経験を共有させる，カナダの移民の中学生を対象にした Darvin & Norton（2014）や，絵と写真を媒介としてウガンダの小学生英語学習者の対話を図る Kendrick &

Jones(2008)などが挙げられる。

　このような授業では，学習者は自分も他者もそれぞれのソーシャルネットワークの一員であることを確認し，お互いのもつ文化資本を認め合い，アイデンティティを確認することができる。それによって，英語学習への主体的参加が保障され促されていると言える。

　価値観・イデオロギーの交換　取り上げる題材の工夫によって価値観・イデオロギーの交換を促す授業実践として，Liu(2019)が挙げられる。Liu (2019)は，中国の高校英語授業において，「アイ・アム・レジェンド」や「ブレードランナー」など，厳選されたSF映画や小説を題材として，批判的思考力と高度な英語運用能力の向上をねらいとした。

　「アイ・アム・レジェンド」の舞台は，癌を治療するために作られたウイルスによって人類の大半が死滅し，ごく一部の人間がダークシーカーと呼ばれる敵対的なミュータントになってしまった後のニューヨークである。同様に，「ブレードランナー」は，未来の人類と，本物の人間と同じように生体工学的に作られたレプリカントの物語である。このようなSF映画の素材をふまえ，教師は学生に医療や技術の倫理について英語で討論させた。さらに，ジョージ・オーウェルの『1984年』での反ユートピアの挿絵を通して，「医療や技術の進歩の未来は，必ずしも明るいものではない」(ibid.：3)という観点を提示し，イデオロギー関連の課題についての批判的な思考を促している(ibid.)。

　これまで考察したように，これらの授業実践では，多様な方法で社会・文化の内容学習活動を行い，自発的な意見表出を保障する対等な立場を提供できるような授業が作成されたと言える。これらの授業実践の特徴として，学習者が自分自身を見つめ直すのを図るために，授業の構造もしくは内容の選択には，学習者の経歴を国レベルだけではなく，ジェンダーや年齢など重層的に捉えることが前提とされていることが見出される。

2.4.2　社会・文化の内容の押し付けによりもたらされた沈黙

　外国語学習者にとって，国や民族は確かに自分のアイデンティティの重要な一部である。しかし，国レベル以外の学習者の経歴や社会の力関係における立場を無視すると，学習者が自分の意見や判断を発言できなくなる。例えば，Lee (2015)は，カナダの批判的対話を重視する大学 ESL (English as a Second Language)プログラムにおいて，当該社会・文化での価値判断について安易に一般化したことが学習者の授業発言に消極的な影響をもたらしたと報告した。

　Lee(2015)では，次のような授業中の発話が見られた。

Data.　狂牛病の社会的影響についての討論で，発表者の一人である日本の学生，Reiはクラスに「もしカナダ政府がカナダ産牛肉の安全性を発表し，低価格で提供したら，あなたは自分の国がカナダ産牛肉を輸入すべきだと思いますか」という質問を投げかけた。

　Reiは，16 人のクラスでRei 以外の唯一の日本人学生であるTamaraからの反応がないことに気づいた。

　「日本はどうなの？」とReiが質問し，それを受けて教師のJulieが体と視線をTamaraに移して「日本の代表？」と質問した。

　Tamaraは「わからないわ，うーん……」と口ごもり始めた。

　「日本がカナダ産の牛肉を輸入していないことを知っているでしょう」(Lee, 2015：86)

　上記の発話データにおいては，教師の質問が個々の学習者に，自国への学習者の視点を自国の代表的な観点として同質化させ，なおかつ教師の所属する国家社会の正当性に相対するものとして定位させている。

　このような授業方略は，「正確」な世界観を自明な理としており，さらに，学習者の自己決定と社会の決定を同質的なものとしてとらえること

で,「社会の側からイデオロギーを」学習者に「押し付けてくる社会化(socialization)の圧力」になっている(溝口,2001;2002)。換言すれば,このような授業では,取り上げる社会・文化の内容自体は現実的なテーマで充実しており,それらを学びその社会・文化に参加できるようになるという学習者の望むアイデンティティの獲得を図るものである一方,カナダと日本との両国の社会における主流の見方・考え方だけ授業に取り入れることは,学習者が自分の意見や判断を発言することの正統性を損ない,制限する恐れがある。もし学習者が授業内容の背景にあるイデオロギーと衝突する場合,そうした折角の工夫が学習者の沈黙をもたらし,周縁化を助長するだろう。

そのため,外国語授業では,学習者のアイデンティティの一面,特に「本質主義的な民族アイデンティティ(ヨーロッパ人,インド人など)」だけではなく(Norton,2013:9),ジェンダー,年齢,社会階層などのアイデンティティの側面に関して,特定の文化及び社会的事象に対して学習者がそれぞれ異なる立場をとる可能性を考慮する必要があると考えられる。

2.4.3　見方・考え方の吟味を図る授業構成を求める必要性

ただし,社会・文化に関する豊富な内容が取り上げられたにもかかわらず,一方的に知識を詰め込む授業ならば,学習者が学力による非対称な関係に置かれることで,周縁化する恐れがあるだろう。また,このような授業は,望ましいアイデンティティの獲得という学習者のニーズを満たすことが難しく,自己表現や意見交換を促す機会を逸する可能性がある。

そのため,学習者たちの発言が否定されずに許可される,また,関係性が非対称でない学習状況を作るには,社会・文化に関わる内容の工夫が必要である。この点で,誰もが意見を持つことが許され,その発言も相互に奨励されるという社会的な見方・考え方についての授業は,その内容のみならず授業構成が参考になると考えられる。なぜなら,そうした多元的な見方・考え方の存在に気づかせる授業では,教材の中で描かれる

社会に多様な見方・考え方があるだけでなく,学習者間にも様々な意見
や見方・考え方があり,それを表明できるよう構成されているからであ
る。このような多様な見方・考え方を学び意見交換をする見方・考え方
の吟味を促す授業は,社会系教科教育においては多く蓄積されている。

　以上から,「これは私の答え,私の考え方」(Lee, 2008：103)と発言でき
るように,「学習者を沈黙させる傾向を改善するために,」社会的論争問題
を取り上げ,目標言語集団に「存在する多様な視点を理解し」,目標言語話
者の「意見との共通点を見つけることが可能であると認識する」(Menard-
Warwick, Mori, Reznik & Moglen , 2016：566)ことを目指す見方・考え方
の吟味を図る授業論理の検討が必要であると示唆された。本研究は,自
分自身の立場から意見を表出する機会の保障を主体性尊重の外国語授業
開発の最重要課題としてみなし,この課題に取り組むために,社会系教科
教育で蓄積された研究成果を外国語教育に取り入れて,改善授業の構成
原理を検討する。

2.5　小　　結

　本研究の目的は,中国の高校日本語教育の授業改善に関する授業構成
原理を明らかにすることである。そこで, 以上の考察を中国の高校日本
語科の日本語教育における日本語教育に適用し, 下記の三つの課題を検
討することにより, 日本語教育における主体的学習を促す改善授業のモ
デルを開発する。

課題 1
　日本語学習の授業において周縁化が起きる要因を検討する。具体的に
は, 日本語に関する知識重視の授業と, 自国と他国の社会・文化の内容
を題材とした授業とにおける学習者の学習過程の比較を行い, 学習者が
自分自身の立場から意見を表出する機会が保障されうる社会・文化の内
容を取り上げた, 授業構成の必要性を確認する。

課題 2

日本語学習者に自分の意見の表出機会を保障する授業構成を開発する
ために，社会系教科で蓄積された授業構成原理をもとに改善授業の構成
原理を検討する。

課題 3

開かれた多元的な見方・考え方の吟味を図る授業構成原理に基づいて
日本語の授業を実施し，主体的な日本語学習への促進効果が見られたか
を検討する。

◎引用文献

[1] DOUGLAS FIR GROUP. A transdisciplinary framework for SLA in a multilingual world[J]. The Modern Language Journal, 2016, 100(S1): 19-47.

[2] CROOKES G., & SCHMIDT, R. W. Motivation: Reopening the research agenda[J]. Language Learning, 1991, 41(4):469-512.

[3] DÖRNYEI, Z., & USHIDA, E. Motivation, language identity and the L2 self[M]. Clevedon: Multilingual Matters, 2009.

[4] GARDNER, R. C., & LAMBERT, W. E. Motivational variables in second-language acquisition[J]. Canadian Journal of Psychology, 1959, 13(4): 266-272.

[5] DÖRNYEI, Z. Motivational Strategies in the Language Classroom [M]. Cambridge: Cambridge University Press, 2001.

[6] USHIODA, E. Motivation as a Socially Mediated Process [M] // LITTLE, D. RIDLEY, J., & USHIODA, E. Learner Autonomy in the Foreign Language Classroom: Teacher, learner, curriculum, and assessment. UK: Authentik, 2003:90-102.

[7] LANTOL, J., & PAVLENKO, A. Second Language Activity: Understanding Learners as People [M]// Breen M. Learner Contributions to Language

Learning: New directions in research. Harlow: Longman, 2001: 141-158.

[8] MCKAY, S. L., & WONG, S. L. C. Multiple discourses, multiple identities: Investment and agency in second-language learning among Chinese adolescent immigrant students[J]. Harvard Educational Review, 1996, 66 (3):577-609.

[9] NORTON, B. Identity and Language Learning: Gender, Ethnicity and Educational Change[M]. Dunken: Allyn & Bacon, 2000.

[10] DUFF, P. Identity, Agency, and SLA [M] // MACKEY A., & GASS S. Handbook of Second Language Acquisition. London: Routledge, 2012: 410-426.

[11] KORGSAARD, C. M. Self-Constitution: Agency, Identity, and Integrity [M]. Oxford: Oxford University Press, 2009.

[12] BOURDIEU, P., & WACQUANT, L. J. An Invitation to Reflexive Sociology[M]. Chicago: University of Chicago press, 1992.

[13] PARSONS, T. The Structure of Social Action[M]. NY: Free Press, 1968.

[14] CARTER, B., & SEALEY, A. Language, structure, and agency: What can realist social theory offer to sociolinguistics? [J]. Journal of Sociolinguistics, 2000, 4 (1):3-20.

[15] GKONOU, C. Agency, Anxiety and Activity: Understanding the Classroom Behavior of EFL Learners[M]// DETERS P., GAO X., MILLER E. R., & VITANOVA G. Theorizing and Analyzing Agency in Second Language Learning: Interdisciplinary Approaches. New York, NY: Multilingual Matters, 2014: 195-212.

[16] NORTON, B. Social identity, investment, and language learning[J]. TESOL Quarterly, 1995, 29 (1): 9-31.

[17] NORTON, B. Non-participation, Imagined Communities and the Language Classroom [M]// BREEN M. P. Learner Contributions to Language Learning: New Directions in Research. Harlow: Longman, 2001:159-171.

[18] BOURDIEU, P. The economics of linguistic exchanges[J]. Social Science Information, 1977, 16(2):645-668.

[19] Norton, B. Identity and Language Learning: Extending the Conversation [M]. London: Multilingual Matters, 2013.

[20] DUFF, P. The discursive co-construction of knowledge, identity, and difference: An ethnography of communication in the high school mainstream [J]. Applied Linguistics, 2002, 23:289-322.

[21] LAVE, J., & WENGER, E. Situated Learning: Legitimate Peripheral Participation[M]. Cambridge : Cambridge University Press, 1991.

[22] HODGES, D. C. Participation as dis-identification with / in a community of practice[J]. Mind, Culture, and Activity, 1998, 5(4): 272-290.

[23] WENGER, E. Communities of Practice: Learning, Meaning, and Identity [M]. Cambridge : Cambridge University Press. 1998.

[24] ウェンガー,エティエンヌ・マクダーモット,リチャード・スナイダー,ウィリアム. コミュニティ・オブ・プラクティス:ナレッジ社会の新たな知識形態の実践[M]// 野村恭彦監修, 櫻井祐子訳,翔泳社. WENGER, E., MCDERMOTT, R., & SNYDER, W. M. Cultivating Communities of Practice. Boston, MA: Harvard Business School Press. 2002.

[25] LAVE, J., & WENGER, E. Situated Learning: Legitimate Peripheral Participation[M]. Cambridge: Cambridge University Press, 1991.

[26] SWAIN, M. Three Functions of Output in Second Language Learning[M]// COOK G., & SEIDLHOFER B. Principle and Practice in Applied Linguistics: Studies in Honour of H. G. Widdowson. Oxford: Oxford University Press, 1995:125-144.

[27] MENARD-WARWICK, J. Co-constructing representations of culture in ESL and EFL classrooms: Discursive faultlines in Chile and California[J]. The Modern Language Journal, 2009, 93: 30-45.

[28] MORITA, N. Negotiating participation and identity in second language academic communities [J]. TESOL Quarterly, 2004, 38(4): 573-603.

[29] MORITA, N. Identity: The Situated Construction of Identity and Positionality in Multilingual Classrooms[M]// Mercer, S., Ryan, S., & Williams M. Psychology for Language Learning: Insights from Research, Theory and Practice. London: Palgrave Macmillan, 2012: 26-41.

[30] PAVLENKO, A., & NORTON, B. Imagined Communities, Identity, and English Language Learning [M]// International Handbook of English Language Teaching. Boston: Springer, 2007:669-680.

[31] YASHIMA, T., & ZENUK-NISHIDE, L. The impact of learning contexts on proficiency, attitudes, and L2 communication: Creating an imagined international community[J]. System, 2008, 36(4): 566-585.

[32] AI, B., & WANG, L. Re-entering my space: A narrative inquiry into teaching English as a foreign language in an imagined third space[J]. Teachers and Teaching, 2017, 23(2):227-240.

[33] DARVIN, R., & NORTON, B. Transnational identity and migrant language learners: The promise of digital storytelling[J]. Education Matters: The Journal of Teaching and Learning, 2014, 2(1): 55-66.

[34] KENDRICK, M., & JONES, S. Girls' Visual representations of literacy in a rural ugandan community[J]. Canadian Journal of Education, 2008, 31 (2):371-404.

[35] LIU, S. Using science fiction films to advance critical literacies for EFL students in China [J]. International Journal of Education and Literacy Studies, 2019, 7(3):1-9.

[36] LEE, E. Doing culture, doing race: Everyday discourses of "culture" and "cultural difference" in the English as a second language classroom [J]// Kubota R. Race and Language Learning in Multicultural Canada (Special issue). Journal of Multilingual and Multicultural Development,

2015，36（1）：80-93.

［37］溝口和宏. 開かれた価値観形成をはかる社会科教育：社会の自己組
織化に向けて：単元「私のライフプラン—社会をよりよく生きるた
めに—」の場合［J］. 社会系教科教育研究，2001，13：29-36.

［38］溝口和宏. 開かれた価値観形成をめざす社会科教育：「意思決定」
主義社会科の継承と革新［J］. 社会科研究，2002，56：31-40.

［39］LEE，E. The "other（ing）" costs of ESL：A Canadian case study［J］.
Journal of Asian Pacific Communication，2008，18（1）：91-108.

［40］MENARD-WARWICK，J.，MORI，M.，REZNIK，A.，& MOGLEN，D.
Values in the ELT Classroom［M］// The Routledge Handbook of English
Language Teaching. London：Routledge，2016：556-569.

第3章　中国の高校日本語科授業
における周縁化

　本章では，日本語学習の授業において周縁化が起きる要因を検討する。

　第1章で述べたように，外国語学習の動機が明確であるが授業で学習しないという課題に対して，学習者が授業で「周縁化されると自分の意見を言えずに発言をもがいている（struggling）」ことが原因となり得る（Norton，2000，p.16）と考えられた。目標言語の練習が第二言語習得にとって重要であるため，周縁化の原因を考察し，周縁化される状況の改善について検討することが必要である。

　日本語授業における学習者の位置づけについての検討は，三代（2011）などが挙げられる。しかし，三代らの研究は，授業で「正統な話者」として日本語を話したりする学習者に注目し，アイデンティティを中心に日本語学習を促す要因を考察した一方，授業で周縁化される学習者についての検討は限られている。

　第2章の考察から，周縁化は教師との対立と学力格差による非対称性とによって引き起こされることが示唆された。類似する観点を示した研究として，Trent（2008）とGao，Cheng & Kelly（2008）が挙げられる。

　Trent（2008）は，英語文法の正確さより流暢さを重視する香港のEAC（English for Academic Communication）授業で，文法知識の非対称関係に置かれる学習者の「自由に発言する（speak freely）」ことが保障されたと報告した。また，香港の中国大陸出身の大学生を対象にしたGao, et al.（2008）は，他の学習者と対等の立場での英語討論が主体的な外国語学習を促す可能性を示した。それによると，学生たちの自主的な英語サークルにおいて，個人的な生活経験や新聞のヘッドラインなど事前に決めら

れた話題以外にも，大学生活についてよく討論されていた。他の「高等教育を受けたバイリンガルな中国語母語話者」との英語での対等な討論で，「生活の単調さ（dullness）と対抗し，未来への憧れを表す」ことが重要であると指摘された（Gao, et al., 2008）。

　そこで，本章では，中国の高校日本語科で日本語に関する知識重視の授業と，自国と他国の社会・文化の内容を題材とした授業とそれぞれを中心にした授業を実施することにより，学習者同士の関係において，対称・非対称が生じやすいと思われる授業を構成し，そこでの周縁化の生じた程度を検討する。すなわち，①日本語に関する知識重視の授業と，自国と他国の社会・文化の内容を題材とした授業とを実施し，②学習者の学習過程の比較を行う。その上で①②の検討をもとに，中国の高校日本語科授業において社会・文化の内容を取り上げた，授業構成の必要性を確認する。

3.1　研究方法

　以下の基準をもとに授業を設計して実施した。

　第一に，授業の参加者と実施者について，授業1と授業2とも中国都市部の"外语特色学校"であるJ省S中学とS省C中等学校において，それぞれの学校の日本語学科主任に授業実施を依頼した①。授業はいずれも"日

---

　①　授業1は2016年6月14日に中国J省の外国語教育を特色とする高校，S中学＊の日本語科主任教諭に依頼して実施した。授業2は，2017年6月8日に中国S省の外国語教育を特色とする中等学校，C外国語学校の日本語科主任教諭に依頼して実施した。

　＊中国語の「中学」は日本語の中等学校，中国語の「初級中学」は日本語の中学に相当する。また中国語で「高級中学」は日本語の高校と呼ばれる。ただし，中国は1999年，重点校の「中学」の「初級中学部」と普通の「初級中学」との格差をなくすために，一部の「中学」の「初級中学部」の生徒募集を中止させた。しかし，生徒募集の中止にもかかわらず，学校名は今まで使われてきた学校がほとんどである。S中学もこのように「初級中学部」の生徒募集が中止された学校である。

　当時の「初高中分離」政策については楊（2014）を参照されたい。

　参见：杨海燕（2014）「初高中分离与合并：价值取向与利益需求」『教育科学研究』2014（10），47-50.

語"の授業であった。全ての学習者が英語や複数のLOTEsから日本語を主体的に選んで学び始めた者である。授業1の学習者数は12人，授業2の学習者数は18人であり，いずれの授業対象でも高校2年生で学習者の日本語学習歴が1年以上2年未満である。

　第二に，2つの授業とも活動型授業であり，次の授業構成で実施された。まず，導入では，活動内容や活動に必要な文法を説明する。次に，展開では，複数の選択肢を設定することを通して学習者間のインフォメーション・ギャップの生成をねらい，主体的なコミュニケーションを保障する。最後の終結では，グループ発表と講評などを行った。話し手と聞き手の間のインフォメーション・ギャップの生成により自発的なコミュニケーションを促すことができると思われる（Prabhu, 1987など）が，知識に関する情報の格差が学力につながる可能性もある。

　第三に，選択肢の設定について，授業1では，日本語の知識重視の授業構成として，学習者に，各自のストーリーで財布をどの店に置き忘れたのか，見つけた財布を警察署または店に返すかという2つの選択問題を設定した。一方，授業2では自国と他国の社会・文化を題材とした授業構成として，学習者に，自分自身の立場から，もし家族と一緒に日本旅行に行くなら個人旅行または団体旅行のどちらを選ぶか，もしグループで日本旅行に行くならどちらかを選ぶかという2つの選択問題を設定した。いずれの授業も日本での行動に関する場面を設定したが，活動1の場面では，日本語特有の授受表現①を取り上げている一方，活動2の場面設定は，日中共通の営みとして旅行形態の内容を取り上げ，学習者の日本文

　　①　授受表現が「非母語学習者には難しく，混乱を招く」のは，授受表現の根底には，「日本人の「ウチ（自己集団意識）」「ソト（他者集団意識）」が絶対的なものではなく，相対的であり，「ウチ」と「ソト」の境界が話し手との関係から拡大，縮小するという自己意識と他者意識に関する日本語，日本文化特有の現象があるからである」。参見：鄭光峰.イメージ図式による授受動詞の指導法：与え動詞「あげる・くれる」を中心に[D].拓殖大学.2013.

化・社会に対する態度に関わるものである。

　第四に，話す機会を最大限に創造するために，次のように授業方略を
調整した。①自由な意見表出を保障するために，どちらの授業でも母語
と外国語を自由に使えるように設定した。②各学習者の生活経験と授業
内容がつながることを保障するために，授業のトピックを旅行という日
常の営みに設定した。③教師の影響を排除するために，旅行という学習
者間の対立になりにくいトピックを取り上げた上で，授業で社会の見
方・考え方に関する立場は，教師が示さないようにした。

　この四点をもとに，次の表3-1のように，二つの授業案を作成した。授
業プロセスを考察するために，「その動的プロセス全体を質的に描き示
し」，開示することが求められると舘岡（2013）が指摘している。舘岡の
指摘を踏まえ，教育実践課題の「処方箋」①である，Grounded Theory
Approach（以下 GTA）の技法を用いて分析を行った。ただし，GTAは授業
実践のような会話過程を特定の分析対象としておらず，授業過程分析の
ために精緻化されていない。そのため，ストラウス＆コービン版のGTA
をもとに授業過程を特定の分析対象として特化した，「構築型評価モデ
ル」（岡田，2014;2015）を援用する。「構築型評価モデル」は「授業におい
て実際に変容する多様な学習者たちの認識形成過程に着目」し，その具体
的なプロセスを「感覚ではなく，データ的に示」し，学習者たちの「認識形
成過程を可視化」することができる（岡田，2014：91）ため，本研究の目的
に相応しいと考えられる。なお，分析目的を達成するためのデータとし
て，授業の映像記録，発話記録，教師のインタビュー記録，授業後の感想
文記述用紙を収集した。

---

　①　増井（2008）は，GTAが社会経験の「有効な行動指針」としての「処方箋」とい
うGlaser & Strauss（1967）の評価を援用し，授業分析でのGTAの役割について述べてい
る。参見：増井三夫. 実践研究におけるGrounded Theory Approachの意義と可能性[J]. 教
育実践学研究, 2008, 9（2）：11-25. Glaser, B., & Strauss, A. The discovery of grounded
theory[M]. London：Weidenfeld & Nicolson, 1967.

表 3-1　授業の指導案

授業 1 の目標：日本の日常会話場面の体験活動により，授受動詞の依頼表現や敬語などを学習させる。		
	教師の指示・発問	教授・学習過程
導入	1.既習した「てもらう」「てくれる」の表現を復習させる。 2.(スライドを学習者に提示する)本時の授業活動と設定した活動場面を学習者に説明する。	T：前時までの学習内容を確認させる。 S：前時までの学習内容を確認する。 T：学習課題を提示する S：予想する。
展開	1.(活動内容についてのプリントをグループごとに配る。)「財布を落としたらどうすればいいですか。」ということについてグループごとに話し合い，空欄を埋めさせる。 2.グループごとに記入したプリントを黒板に掲示させて，完成した会話を発表させる。	T：課題についてグループごとに話し合わせ，練習して全体の前で発表させる。 S：課題についてグループごとに話し合い，練習して全体の前で発表する。
終結	1.各グループの発表内容を踏まえ，教師が一番良いと思うフレーズを黒板に書いて，板書の通りにグループごとに練習させる。 2.感想文を記入させる。	T：本時の内容をまとめる。 S：本時の既習した内容を確認する。本時の授業への感想を用紙に記入する。

續表

授業2の目標：「日本旅行する時に個人旅行または団体旅行を選びますか?」を考える活動により，日中両国の旅行形態の異なりに対する理解を深めること。

	教師の指示・発問	教授・学習過程
導入	1.これまでの旅行経験について発問する。 2.(スライドを学習者に提示する)本時の授業活動について学習者に説明する。	T：学習課題を提示する。 S：予想する。
展開	1.テキスト本文について，学習者に簡単に紹介する。そして，「家族と一緒に日本へ旅行するならば個人旅行または団体旅行を選びますか。その理由はなんですか。」について，自分の意見を考えさせる。 2.配付資料を参照しながら，「グループメンバーと一緒に日本へ旅行すれば，個人旅行または団体旅行を選びますか。その理由はなんですか」についてグループごとに活動を行わせる。	T：課題についてグループごとに話し合わせ，全体の前で発表させる。 S：課題についてグループごとに話し合い，全体の前で発表する。
終結	1.グループごとに自分のグループの討論結果を発表させ理由を説明させる。 2.日中の団体・個人旅行の割合について，学習者に簡単に紹介する。 3.感想文を記入させる。	T：本時の内容をまとめる。 S：本時の既習した内容を確認する。本時の授業への感想を用紙に記入する。

「構築型評価モデル」をもとに，次のように授業分析を行う。

　まず，授業1の分析を行い，日本語特有の日本語の授受表現についての学習者間の発言において，非対称性が生じているかどうかを検討する。

　次に，授業2の分析を行い，日中共通の営みとして旅行形態についての学習者間の発言において，非対称性が生じているかどうかを検討する。

　最後に，授業1と2の分析結果をもとに，学習者の間での非対称的関係により周縁化が生じるかについて考察する。

3.2　学習・指導過程の比較

　以下に授業1および2の学習・指導過程とその分析を示す。

3.2.1　授業1の学習・指導過程

　授業担当者である教師との検討と授業観察により，授業活動では，4グループとも，活動開始後各自の役割分担について主体的に合意していると確認した。その中で，各グループでは，(1)活動進行を主導する役割を果たす学習者，(2)役割(1)と協力して会話内容を検討する役割を果たす学習者，(3)役割(1)と(2)の意見に常にフィードバックして発表の練習に集中する学習者がそれぞれ1名存在していた。

　確認した事実をもとに，筆者が授業者の教師と共同して最も積極的に授業活動に参加したグループを選出し，「構築型評価モデル」を用いて日本語学習に関する行為を抽出した。抽出した日本語学習の行為を踏まえ，それぞれの日本語学習過程を以下に示す。なお，〔　〕は分析対象の行為，【　】は授業過程の局面を示す。各分析対象の行為と授業過程の局面を示したものが表3-2である。具体的発言を記す場合，中国語での発言は日本語に翻訳し，括弧内に中国語を記した。

学習過程の概略

①グループ活動での役割の合意決定

　授業において，学習者たちは自分の動機づけや日本語能力をもとに，【グループ活動での役割】について，他のグループメンバーと【合意】して【決定】していた。学習者 A：〔独特な発表内容〕を〔作成〕することを〔重視〕している。学習者 B：〔発表内容〕の〔作成〕を〔重視〕している。学習者 C：〔発表〕の〔練習〕を〔重視〕している。

　②インターアクションによる日本語知識の習得

　学習者たちは課題解決している時，【インターアクション】によって【日本語知識】を【習得】している。学習者 A：〔インターアクションによる日本語知識の習得〕をしている。その際，〔思考・表出による知識の強化〕をしており，〔オリジナル内容の追加に気づいて不足を充填〕している。また〔リピートによる発表の流暢さ〕の〔強化〕もしている。学習者 B：〔インターアクションによる知識の習得〕をしている。その際，〔思考・表出による知識の強化〕をしており，〔リピートによる発表の流暢さを強化〕している。学習者 C：〔インターアクションによる知識の習得〕をしている。その際，〔確認・表出による知識の強化〕をしており，〔リピートによる発表の流暢さを強化〕している。

　③肯定的な自己評価の形成

　学習者たちは，作成した内容を発表することにより，他のグループメンバーと一緒にあげた学習成果を共有し，自分の知識の獲得の度合いを把握し，【肯定的な自己評価】を【形成】した。学習者 A：〔発表内容を主導的に作成〕し，「積極的に発表」をしている。学習者 B：〔発表内容を積極的に作成〕し，「協働的に発表」をしている。学習者 C：〔発表内容を積極的に確認〕し，「積極的に発表」をしている。

　個々の学習者の学習過程

　学習者 A　個別に見ると，学習者 Aは他人と同じ内容を作成することに満足せず，「各グループの発表内容はそれぞれ違うわけだろう。もしみんな同じだったら…(每组肯定要不一样的啦,如果每个组都…)」と語っているように，オリジナルな発表内容の作成を学習目標として設定した。

表3-2　授業1の学習・指導過程

局面	学習者A(役割(1))	学習者B(役割(2))	学習者C(役割(3))	教師
①	特性[独自な発表内容の作成を重視]	[発表内容の作成を重視]	[発表練習を重視]	
	特性[グループ活動での役割について合意して決定]			
②	[インターアクションによる知識の学習][思考・表出による知識の強化][オリジナルな内容の追加に気づいて不足を充填][リピートによる発表の流暢さを強化]	[インターアクションによる知識の学習][思考・表出による知識の強化][リピートによる発表の流暢さを強化]	[インターアクションによる知識の学習][確認・表出による知識の強化][リピートによる発表の流暢さを強化]	[主体的な学習を維持・保護するために各グループの討論を支援]
	特性[他人とのインターアクションによる日本語知識の学習]			特性[主体的な学習を維持・保護するために各グループの討論を支援]
③	[発表内容を主導的に作成][積極的に発表及び自己評価]	[発表内容を積極的に作成][協働的に発表及び積極的な自己評価]	[発表内容を積極的に確認][積極的に発表及び前向きな自己評価]	[発表活動により肯定的な自己評価形成を促す]
	特性[発表とその内容の作成による肯定的な自己評価の形成]			特性[肯定的自己評価を促すために日常会話場面をシミュレートした発表活動の実施・講評]

※①=【グループ活動での役割の合意決定】②=【インターアクションによる日本語知識の習得】③=【肯定的な自己評価の形成】

それで，オリジナルな発表内容を作成するために，学習者 Aは「"ちゃんと"の意味は知っている？"ちゃんと持ってください"の"ちゃんと"（ちゃんと就是那个ちゃんと你知道吗？ちゃんともってください）」と語っている。このように，学習者 Aが積極的に他人へ発問することにより，自分の不足を充填したりし，学習目標に応じて自発的に学習行為を調整していると見出された。最後に，「私はもっと日本の実際の会話場面で体験したい（原文ママ）」という感想文のように，学習者 Aは当該授業での満足の気持ちと将来の授業内容への期待を抱いていた。

学習者 B　学習者 Bは，授業において，「私は（発表内容を）記入する。（我来写）」と語っているように，発表内容の作成への積極的な態度を示している。さらに，発表内容の作成のために，「これ，おかしいと思わない？ 一緒に来てもらいましょう。"一緒に行きましょう"でいいじゃないか。（你不觉得好奇怪吗，一緒に来てもらいましょう。一緒に行きましょう不就行了吗）」といったように思考・表出しながら，配付資料で提示している「どうしましたか」で尊敬語が使われていないことに気づき，「これは"どうされましたか"と言ってもいいですか」といったように質問し，学習目標を目指して自発的に学習行為を調整している。最後に「自分の能動性を発揮した。授業で自分たちのアイディアを書けてよかった。（发挥了主观能动性。能写自己的一些想到的点子，我很喜欢）」と語っているように，当該授業で自分のパフォーマンスを評価した。

学習者 C　学習者 Cは，発表の練習に集中しており，「Aさんの方が早いから，内容作成はAさんを中心に進めましょう（我们跟不上她的脚步，就参照她的写吧）」といったように，自分の能力に自信を持っておらず，会話内容については他の学習者の意見に従っていた。しかし，発表のために，学習者 Cが「「お金を」と何ですか。「付钱」は日本語で何と言いますか（"お金"を然后什么？ 付钱怎么说）」といったように，自分の知らない知識を積極的に確認していた。

これまで述べたように，授業1では，学習者 Aの日本語の熟練度が高

く，授業活動で主体的に日本語を話し，探究的に日本語を学習する意欲を示した。学習者 B，Cは授業で中国語を多く使っているが，中国語で積極的に日本語について発問したり，日本語能力の向上を目指し積極的に発話していた。また，教師が授業内を回りながら関連知識を説明・提示することを通して，各グループの討論の展開を支援していた。このように，授業で中国語を使えることにより，日本語の熟練度が高くない学習者が，授業活動に自由に参加したり，日本語能力を高めるために，質問・確認したりすることができると確認できた。すなわち，中国語もともに使うことができたため，学習者間の日本語能力の評価による非対称的な関係は形成されず，全員が積極的に授業に参加できた。

表 3-3　周縁化の会話の例

学習者 A：先生，ワークシートでは「もらう」と書かれたが，「いただく」を使いたいです。（老师，书上写的是もらう，这里我们想用いただく） 教師：いいですね。（中略）じゃここにいただ…ませんかの間でなにを使えばいいですか（挺好的呀。（中略）那这里应该いただ什么ませんか） 学習者 B：「く」だと思います。謙譲の感覚を表すから。（く吧，表示更加谦让） 学習者 C：そうですね。（对的） 学習者 A：ここは「け」ですかね。お願いできるかどうかの意味でしょう。（这是け吧。表示能不能，拜托）

ただし，文化・社会の知識については当該授業では取り入れられていないが，教師が授業を回りながら，日本人の言語習慣について説明したりしていた。しかし，表3-3で示したように，学習者 Aが個性的な内容作成を目指していた一方，日本人の言語習慣に関する知識の不足している学習者 Cは，言語の使い方などについての討論には積極的に参加しているものの，「Aさんの方が早いから，内容作成はAさんを中心に進めましょう」というように，自分をグループの周縁的な立場に位置づけ，さらに表

3-3での「そうですね」というように，発表内容については，学習者 A，Bと教師の見解に同調する態度だけ示した。

　このように，授業 1の活動において，日本文化に関する発言は，各グループの日本に対する知識が一番多く，すなわち学力が一番高く活動の主導役を果たしている学習者に集中していた。この点において，学習者 Cの周縁化が確認された。

3.2.2　　授業 2の学習・指導過程

　授業 2は「日本旅行に行く時，個人旅行で行くか団体旅行で行くか」という課題をめぐって進めていた。授業では，まず①家族と一緒に日本旅行に行く場合はどちらを選ぶかについて学習者に思考させ，次に②グループで一緒に日本旅行に行く場合はどちらを選ぶかについて討論させていた。その中で，①個人旅行②個人旅行にした学習者が8 人，①団体旅行②個人旅行にした学習者が7 人，①団体旅行②団体旅行にした学習者が3人それぞれ存在した。

　そのため，研究課題を検討するために，旅行形態に関する決定の各類型がそれぞれ1 名ずつあるグループを選出し，「構築型評価モデル」を用いて日本語学習に関する行為を抽出した。抽出した日本語学習の行為をもとに，それぞれの日本語学習過程を示す。

　学習過程の概略

　①自分の旅行形態に関する思考

　「家族旅行なら，日本へ旅行に行く時個人旅行または団体旅行のどちらを選びますか」についての活動で，家族旅行の場合に最適な旅行形態を決定し，その決定過程において，中国人として【自分の旅行形態】を【思考】している。学習者 A：〔自由自在の日本文化・生活体験〕を〔期待〕しているから，〔個人旅行で家族海外旅行〕を〔決定〕した。学習者 B：〔短期間で豊富な日本文化を接触・体験〕しようとして，〔団体旅行で家族海外旅行〕を〔決定〕した。学習者 C：〔旅行会社の手配に

表 3-4　授業 2の学習・指導過程

局面	生徒 A（個人旅行→個人旅行）	生徒 B（団体旅行→個人旅行）	生徒 C（団体旅行→団体旅行）	教師
①	[個人旅行の決定] [自由自在の日本文化・生活体験への期待]	[団体旅行で家族海外旅行の決定] [短期間で豊富な日本文化を接触・体験する欲求]	[団体旅行で家族海外旅行の決定] [旅行会社の手配による気楽な旅行を期待]	[主体的な学習を維持・保護するために各グループの討論を支援]
②	特性「家族旅行の場合で最適な旅行形態の決定による旅行形態の思考」 [他人の知らない日本語を積極的に提示] [長時間で日本文化・生活を体験しようの積極姿勢] [グループで個人旅行しようとする意思を引き続き主張] 特性「グループで旅行する場合で最適な旅行形態の決定によるお互いの意見の交換」	[知らない日本語について積極的に確認] [グループで未知な日本文化を体験・発見する意欲] [グループで個人旅行しようとする意見転換]	[自分の主張の受け入れのために積極的に説明] [中国語で日本文化を深く理解しようとする態度] [グループで団体旅行しようとする意思を引き続き主張]	特性「主体的な学習を維持・保護するために各グループの討論を支援」

續表

局面	生徒 A（個人旅行→個人旅行）	生徒 B（団体旅行→個人旅行）	生徒 C（団体旅行→団体旅行）	教師
③	[自由に日本人と交流したり料理を食べたりする品質高い旅行への追求]　[個人旅行でグループ海外旅行の決定]	[様々な文化体験とコミュニケーションができるのんびりとした旅行への期待]　[個人旅行でグループ海外旅行の決定]	[旅行会社の手配による安全保障及び時間節約の希望]　[団体旅行でグループ海外旅行の決定]	[発表活動により肯定的な自己評価形成を促進する]
	特性[グループで旅行する場合で最適な旅行形態の意思決定]			特性[積極的自己評価を促すために各グループの意思決定結果を発表する活動の実施・講評]
④	["旅行"に対する独特な理解]　[日本人の集団主義に対するイメージの転覆]	[日本人の個性に対する新たな認識]	[中国人の集団主義に対する自覚]	[日本人と中国人の旅行形態の異同に関する思考の促し]
	特性[日中旅行形態の異同についての思考による旅行形態への共感的な理解の形成]			特性[日本人の旅行形態についての思考による旅行形態への共感的な理解を形成させる指導]

①＝【自分の旅行形態に関する思考】　②＝【グループで旅行形態に関する合意】

③＝【旅行形態に関する積極的な自己評価の形成】　④＝【日本人の旅行形態に関する共感的な理解の形成】

よる気楽な旅行を期待〕しており，〔団体旅行で家族海外旅行〕を〔決定〕した。

　②グループで旅行形態に関する合意

　そして，「グループで一緒に日本へ旅行するなら，個人旅行または団体旅行のどちらを選びますか」についてのグループ活動で，グループメンバーとの旅行の場合で最適な【旅行形態】について，お互いに意見交換した上で，【グループで合意】した。学習者 A：グループ活動で，他のグループメンバーに〔知らない日本語を積極的に提示〕し，ホームステイのような〔長時間で日本文化・生活を体験しようとする積極的姿勢〕を示し，家族旅行と同じような〔個人旅行しようとする意思〕を〔グループで引き続き主張〕している。学習者 B：グループ活動で，自分が〔知らない日本語について〕他のグループメンバーに〔積極的に確認〕し，グループ全員で日本に「探索」して〔未知な日本文化を体験・発見する意欲〕を示し，家族旅行の時の団体旅行から，グループ旅行する時の〔個人旅行しようとする意見〕に〔転換〕した。学習者 C：他のグループメンバーに〔自分の主張の受け入れのために積極的に説明〕し，〔中国語で日本文化を深く理解しようとする態度〕で，〔グループで団体旅行しようとする意思を引き続き主張〕している。

　③旅行形態に関する意思決定による積極的な自己評価の形成

　グループで旅行する場合最適な【旅行形態】について，他のグループメンバーと討論結果を共有し，他のグループとの意見の異同を把握し，【積極的な自己評価】を【形成】した。学習者 A：〔自由に日本人と交流したり料理を食べたりする品質高い旅行〕を〔追求〕しようとして，〔個人旅行でグループ海外旅行〕を〔決定〕したと記述している。学習者 B：〔様々な文化体験とコミュニケーションができるのんびりとした旅行〕を〔期待〕しようとして，〔個人旅行でグループ海外旅行〕を〔決定〕したと記述している。学習者 C：〔旅行会社の手配による安全保障及び時間節約を〔希望〕しようとして，〔団体旅行でグループ海外

旅行〕を〔決定〕したと記述している。

　④日本人の旅行形態に関する共感的な理解の形成

　教師が提示した日本人と中国人の旅行形態に関する内容をもとに，学習者たちは日本人と中国人の旅行形態の異同を認識し，【日本人の旅行形態に関する共感的な理解を形成】した。学習者 A：自分が "journey" より "holiday" の方が好きだといった〔旅行に対する独特な理解〕を説明し，今回の授業により，自分が持っていた〔日本人の集団主義に対するイメージ〕が「転覆」した。学習者 B：今回の授業を通して，〔日本人の個性〕に対して〔新た〕に〔認識〕した。学習者 C：日本人との比較を通して，〔中国人の集団主義〕について〔自覚〕した。

個々の学習者の学習過程

　学習者 A　個別に見ると，学習者 Aは，「私は個人旅行がいいと思います。何といっても「休暇」と「観光」の感じが全然違います。団体旅行の急いでおおざっぱに観光することに比べて，個人旅行の方が休暇のイメージが強いと思います（自由行挺好，毕竟"度假"和"游览"是不同的概念。相比起跟旅行社的走马观花和赶日程，自由行更符合"假期"的定义）」といったように，日本文化を自由に体験する機会を望んでいるため，最初の質問で個人旅行を選択した。さらに，グループメンバーがみんな海外旅行の経験を多く持っているから，学習者 Aが，「友達と一緒に交流したり，助け合ったりする旅が楽しいと思います（跟认识的人去挺好的，大家可以互相交流帮助）」といったように，お互いに旅行の経験を分かち合いながら，新たな文化体験をしようとし，2つ目の質問でも個人旅行を選択した。

　学習者 B　次に，学習者 Bは，「日本文化は詳しく知らないから，時間を最大限に活用するために，団体旅行を選びました（我们对外国的文化景点都了解得不太多，为了不浪费时间，还是应该了解一下，做一个最有效的旅行）」といったように，短期間で出来る限り多くの文化体験に出会おうとし，家族で行く場合は団体旅行を選択した。一方，グループ全員で一

緒に日本へ旅行に行く時，日本語はうまくなくても「スマートフォンも使うことができると思っています。わからない時，辞書など，翻訳などを使います(原文ママ)」といったように，お互いに協力して日本語を学びながら未知な文化体験を行おうとし，個人旅行を選択した。

　学習者 C　さらに，学習者 Cは，学習者 Bと類似し，「みんな一緒に海外に行く時，たくさん買い物をするでしょう。全て自分で持って地下鉄に乗ったりしたら疲れるから(因为大家一起出去的时候，会买很多东西。然后都要自己拿着坐地铁的话，那么长的旅途里会感觉很累)」といったように，気楽に日本を旅行する態度を示し，最初の質問で団体旅行を選択した。グループメンバーと一緒に旅行に行く場合は，学習者 Cが，「私たちの日本語は上手ではありません。私たちの日本語だけで旅行するのは無理です。道を聞いたり，ホテルを予約したりなど簡単にすることができません。もし団体旅行で行けば，添乗員さんが中国語も日本語も話せるので，私たちに分かりやすく説明したり，日本人と交渉してもらったりすることができます(我们的日语不是特别好。如果我只靠我们自己的日语的话，是不可能的。是不可能这么方便地问到那么多路，订到酒店。然后如果是团体旅行的话，因为他们会中文，也会日语，一方面可以方便给我们讲解，另一方面也方便给日本人交流)」といったように，中国語で日本文化を理解することを重要視し，添乗員の説明や手配を必要としており，利便性重視の態度を示している。グループ全体が類似する考え方を持っていると確認した上，学習者 Cが団体旅行を選択した。

　このように，授業2では，学習者 A，Bが，日本語能力も，日本文化・社会に関する知識もまだ不十分だと自覚した上で，グループメンバーと一緒に探求しようというチャレンジ精神を示した。一方，学習者 Cも，日本語能力も，日本文化・社会に関する知識もまだ不十分だと自覚したが，添乗員を通して快適な旅行を求めるという保守的な態度を示した。とはいえ，旅行形態の決定の異同にかかわらず，三人の学習者とも日本旅行に関する理想的な形態を自分の立場から主体的に考えていることから，

授業2が，日本文化・社会に対する積極的な態度を生かして主体的なコミュニケーションを促したと確認された。すなわち，いずれの学習者も自らの考えを表明すればよく，それに対する評価がなされる授業ではなかったため，学習者間の対等性は維持され，全員が同等に授業に参加できた。

　授業1と授業2の授業過程をもとに，以下3点を確認した。

　第一に，Trent(2008)と同様に，文法の正確さを求めない授業で，学習者が自由に発言したことである。2つの授業でも，学習者が言語に拘らず，グループ活動で主体的に発言している。例えば，日本語で発言・発表するために，学習者たちが母語で日本語の文法・単語について質問したり，確認したりしていた。また，日本語の補充として中国語で旅行経験について意見交換したことも確認された。

　第二に，Gao et al.(2008)と同様に，自由に生活経験をシェアできる授業で，学習者が「未来への憧れを表す」ことによって，「個人の変化を促して新たなアイデンティティを形成する」ことを求めていることである。例えば，授業2においては，学習者たちが，積極的に自分の旅行経験をグループでシェアしたり，理想的な旅行形態について交流していた。

　第三に，どちらの授業でも，興味関心のある内容の取り上げにより，多くの学習者は興味関心が引き寄せられ，教師の提示した内容をもとに，活動目標の達成を目指し，日本語の学習をしながら日本語で交流したりしていた。しかし，授業1では，学習者B，Cが積極的に日本語を練習したり，知らない文法・単語など発問したが，発表の内容展開については，学習者Aおよび支援に来ている教師の意見と同調していることを確認した。この消極的な同調発言から，授業1のみにおいて，学力格差による非対称関係に置かれた学習者B,Cが周縁化の状態にあったと推察される。

3.3　授業過程の考察

　なぜ二つの授業において，授業1だけで周縁化されることが確認でき

たのか。この分析結果の違いは，二つの授業構成の違いに関わると考えられる。

　授業構成から見れば，二つの授業とも学習者間の意見交換を求めることで各自のもつ知識・情報の違いを際立たせた。いわばインフォメーション・ギャップの生成によって，伝達必然性の創造を通して学習者の主体的な交流を図っている。授業1では，教師が言語そのものに焦点を当てて，学習者を授受動詞の吟味に集中させるために，文化・社会の内容自体を取り上げなかった。そのため，交流はほとんど語学の内容を中心に行っていた。このように，授業1で生成したインフォメーション・ギャップが語学知識の差とイコールであり，さらに，語学知識の差は学力の差とつながっているため，授業1では，グループごとに，学力格差による非対称関係が構築された。学習者のパフォーマンスが「自己評価の直接的根拠を提供している」（レイヴ＆ウェンガー，1993：97）ため，このような学力格差による非対称関係で授業活動に参加する学習者は，学力不足ゆえに発言が減少し周縁化が生じるだけでなく，発話が他人からの評価を低くすると判断した場合，自分への評価が低くならないように，発言を躊躇することで，周縁化される状態になりがちであろう。

　一方，授業2では，授業1と同様に，教師が交流を保障するために，母語の使用も認めているが，文化・社会の内容を取り上げたため，学習者の交流が旅行を中心としたものになっている。勿論，授業2でも，学習者間で学力の差が存在しているが，Norton（2001）の研究で述べているように，社会・文化の内容を交流する時，学習者が想像を通して目標言語集団に参加しているため，理想的な日本旅行の形態について意見交換している学習者は，お互いに同等な立場であると認識しているだろう。

　上記のように，二つの授業とも興味関心を取り入れた授業にもかかわらず，授業1は語学知識そのものに焦点を当て，語学知識のインフォメーション・ギャップを生成すると同時に，グループ内で学力格差による非対称関係を構築した一方，授業2では，文化・社会の内容の交流を中心

に，学習者に他の成員と平等で支え合っている関係を構築した。このような授業構成による学習者たちの関係の違いが，周縁化に関する授業1と2の分析結果の違いに影響したと考えられる。

3.4　小　　結

　本章は，中国の高校日本語授業における周縁化について検討した。中国の高校日本語科において実施した二つの授業を分析し，授業1だけで周縁化されることが確認できた。授業1は語学知識そのものに焦点を当て，語学知識のインフォメーション・ギャップを生成すると同時に，学力格差による非対称関係を構築した一方，授業2では，文化・社会の内容の交流を中心に，学習者に目標言語集団への参加に向けて他の成員と平等で支え合っている関係を構築していた。このように，二つの授業構成による学習者たちの関係の違いが，授業における周縁化の違いに繋がったことが考えられる。

　本章の成果として，次の二点があげられる．

　第一に，日本語授業において，学習者が学力格差による非対称関係に置かれることにより，学習者が周縁化され，自分への評価が低くならないように発言を躊躇しうるという課題を明確化した。

　第二に，目標言語集団への参加を認識させ，他の成員と平等で支え合っている関係を構築したことで周縁化は生じにくいことが確認されたことから，周縁化についての今後の改善方向を示した。

◎引用文献

[1] NORTON, B. Identity and language learning：Gender, ethnicity and educational change[M]. Boston：Allyn & Bacon, 2000.

[2] 三代純平. 「場」としての日本語授業の意味―「話す権利」の保障という意義と課題[M]. 細川英雄. 言語教育とアイデンティティ―こ

とばの教育実践とその可能性. 東京：春風社, 2011；75-97.

［3］TRENT, J. Promoting investment by Chinese learners in classroom discourse：
Integrating content and language in the undergraduate classroom［J］. Journal
of Asian Pacific Communication, 2008, 18(1)；30-48.

［4］GAO, X., CHENG, H., & KELLY, P. Supplementing an uncertain
investment?：Mainland Chinese students practicing English together in Hong
Kong［J］. Journal of Asian Pacific Communication, 2008, 18(1)：9-29.

［5］PRABHU, N. S. Second language pedagogy［M］. Oxford：Oxford University
Press, 1987.

［6］舘岡洋子. 教育現場の変革のための実践研究を支える質的研究［J］.
質的心理学フォーラム, 2013, 5；69-70.

［7］ジュリエット・コービン, アンセルム・ストラウス. 質的研究の基礎：
グラウンデッド・セオリー開発の技法と手順［M］. 東京：医学書
院, 2012.

［8］岡田了祐. 社会科学習評価への質的研究法 Grounded Theory Approach
の導入—社会認識形成過程における評価のための視点提示に関する
方法と実際［J］. 社会科教育研究, 2014：121, 91-103.

［9］岡田了祐. 概念の構築における子どもの社会認識形成過程の差異-構
築型評価モデルによる比較考察を通して［J］. 日本教科教育学会誌,
2015, 38(3)；103-116.

［10］ジーン・レイヴ, エティエンヌ・ウェンガー. 状況に埋め込まれた学
習：正統的周辺参加［M］. 東京：産業図書, 1993.

［11］NORTON, B. Non-participation, Imagined Communities and the Language
Classroom［M］// BREEN M. P. Learner Contributions to Language
Learning：New Directions in Research. Harlow：Longman, 2001；159-170.

第4章　開かれた多元的な見方・考え方の吟味を図る授業の開発

　第2章で述べたように,学習者の自分自身の立場からの意見表出を保障するためには,「学習者を沈黙させる傾向を改善するために」,見方・考え方に関する論争問題を取り上げ,目標言語集団に「存在する多様な視点を理解し」,目標言語話者の「意見との共通点を見つけることが可能であると認識する」(Menard-Warwick, Mori, Reznik & Moglen, 2016：566)ことを目指す見方・考え方の吟味を図る授業論理の検討が必要とされた。

　そして,第3章で示したように,自分自身の立場から「これが私の意見」と表明できるようにするために,学力格差による周縁化を防ぐ必要が確認され,また,学習者のどのような発言も受け入れられ,正統性を認められることが必要であることが確認された。

　そこで,本章では,日本語学習者に自分の意見の表出機会を保障する授業構成を開発するために,社会系教科で蓄積された授業構成論をもとに改善授業の構成原理を検討する。その理由は,社会系教科教育では,社会において主体的に生きる人材の育成を目指し,授業で自主的な思考と考えの表出を促すために,主体的な判断及び行動の基盤として,見方・考え方の吟味をはかる授業構成論の知見が多く蓄積されたからである。

　研究方法については,まず,①見方・考え方の吟味に関する社会系教科教育の研究を整理する。次に,②①で整理した見方・考え方の吟味に関する知見をもとに,社会系授業の単元を開発し,実践する。さらに,③授業実践のワークシートデータをもとに,本授業を通して,自国の文化的・

社会的な価値を自覚し,他国の文化的・社会的な価値の相対化を踏まえた上で,自身の開かれた見方・考え方の吟味を保障できたかどうかという観点から評価・検討を行う。最後に,④①から③の検討をもとに,本章の成果を明らかにする。

4.1　開かれた多元的な見方・考え方を求める必要性

社会系教科において,見方・考え方の吟味に関する研究はこれまでに多くなされてきた。その中では,合理的意思決定や開かれた価値観形成などの授業構成論が開発されてきた。合理的意思決定 (吉村,2003) は,見方・考え方の吟味の主体性と社会性を重視し,社会論争問題をめぐる合意形成によって公共的価値の創出を目指す授業構成である。一方,開かれた価値観形成(溝口,2001)は社会論争問題を自らの選択・判断の基準で再構成し,その論争問題の「個別化」を図ることを通して子ども一人ひとりの開かれた見方・考え方の吟味を目指す授業構成である。つまり,両者の研究は社会の主権者たる資質を育成するために,社会の公共性または自己組織化の視点から,どのような見方・考え方を吟味させるかに関する見解を示している。

どのように見方・考え方を吟味するかについては,自立的な価値観形成と対話を重視した価値観形成の授業構成論が挙げられる。自立的な価値観形成(桑原,2000)は,「文化や価値観の対立から生じる社会的論争問題」を取り上げ,社会での「対立や矛盾を認識・克服することが個人の内面の成長を促し,信念の変容・成長を促す」という原理に基づいて授業を構成している。一方,対話を重視した価値観形成(胤森,2014)は,自己の見方・考え方を主体的に修正させるために,多様な他者,すなわち人物モデルそして他の学習者との対話により,自己の見方・考え方を吟味し修正していくことを目指す授業構成である。このように,自立的な価値観形成と対話を重視した価値観形成のいずれも,特定の信念を学習者に押

し付けることを克服するために開発された授業構成であろう。

これまでの見方・考え方の吟味に関する授業構成論は,学習者に見方・考え方のあり方やその吟味を保障する手法について,多角的な視点から議論されてきた先駆的な研究であると言えよう。しかし,近代主権国家の成立以来,ケア労働の負担者が社会参入の家族メンバーを支える,または,ケア労働を共同負担してお互いの社会参入を支え合う一方,公的領域である国家は家庭内の暴力や虐待といった私的領域に介入してきた。これまで社会は「公私分離」をもとに成り立つと考えられてきたが,「『私的領域』は,たんに『外部』であるわけではなく,むしろ『公的領域』を支えるべく,公私の相互依存関係におかれてきた」と上野(2009)が指摘している。つまり私的領域の家族がどんどん社会に包摂されて論じられるようになってきた。ただし,このように,社会が多元的多層的に変化することをふまえて,どのような見方・考え方の吟味が求められるかについての議論はまだ十分になされていない。

「社会」の内包性について,吉村(2005:65)は,社会の公共性に焦点を当て,「公法」と「私法」の視点から,「公共空間とは,単なる法律による規定の世界だけでなく,市民どうしの合意による自律的な空間も存在する」ことを理解させる授業構成を提案している①。この授業は,「公私二元論」という伝統的な捉え方から脱却し,市民社会が公的領域と私的領域を超えた重層的な領域であるという捉え方を明示した,革新的な授業構成だと言えよう。

見方・考え方の吟味に関する授業構成論において,社会を開かれた空間として捉えたのは,溝口(2001)があげられる。溝口は,多様化する見方・考え方を「社会」の仕組みと「個人」のライフスタイルから考えさせる

---

① 吉村は,池野の市民社会の定義を踏まえ,「公的領域と私的領域との間に対抗的に開かれる公共空間」を市民社会として捉えている.この定義は以下の池野論文を参考にしている.参見:池野範男.市民社会科の構想[M]// 社会認識教育学会.社会科教育のニュー・パースペクティブ.東京:明治図書,2003:44-53.

ことで,「市民性」に向けた社会認識の形成と公民的資質の育成を図って
おり,私的領域への公的領域の介入に関する議論がなされている。具体
的に言えば,溝口は,単元設定の理由で,年金制度など社会保障制度につ
いて,開かれた価値観形成の必要性を説明するために,家族生活への国
家・社会の介入に関する議論を提起している。溝口の研究は,「家族」の
選択を社会の制度と関連づけ,理解させている。これにより,「家族」が開
かれた見方・考え方を吟味する視座に位置付けられ,「家族」を社会の内
包として捉えさせようとする画期的な研究であると評価できる。

　これまで考察したように,見方・考え方の吟味に関する研究で提起さ
れてきた授業は,公共問題に向けて主体的に参加し解決する資質の育成
にとって不可欠であると考えられる。その中で,見方・考え方の吟味の代
表的な研究として,溝口(2002)においては,外国の事例を取り入れた授業
も見られる。その授業計画書では,日本の中学校において「たばこをめぐ
る問題構成の異なる訴訟を取り上げることで,その背後にある社会制度
や規範」の対象化をねらい,日米両国の事例を取り上げて比較している。
このように,溝口(2002)は,授業に社会的な価値が類似する国の事例を取
り入れ,日本の事例と相対化することによって,社会認識の形成を図って
いる。このことから,価値観が日本と類似する国の事例と比較すること
が,両国共通の社会的事象の理解,社会認識の形成に大きな役割を果たし
ていると推察される。

　一方,将来,社会制度や文化などが異なる国の人と協力し合い,共通課
題に取り組むためにはどうすれば良いのか。このようなグローバル市民
には,相手の出身国の文化・社会を理解しようとする態度につながる,グ
ローバルな社会認識形成が求められよう。しかし,先行研究では,主権者
としての資質・能力の育成のため,国の統一性と,国民,家族といった構成
要素の多様性が示されたが,国というコミュニティの多様性が,見方・考
え方の吟味のモデルから排除された。この場合は,学習者が,異なる国の
社会価値の相対化と,内面化した価値の自覚とのつながらない状態にあ

り,自国と異なる国についての社会認識が,分断された状態で放置されることになりがちである。

そこで,本章では,日中の状況や日中の国民に共通する課題に対する見方・考え方を提示することによって,グローバルなコミュニティにおける多様性をもとにした見方・考え方の吟味を図る授業モデルを構築する。そのために,まず,日中両国における「国民」「家族」といった構成要素の多様性を示す。次に,日中の社会的な価値を相対化し,共通点を導出することによって,開かれた多元的な見方・考え方を図っていく。

4.2　開かれた多元的な見方・考え方の吟味を目指す社会系授業の開発

4.2.1　単元設定の理由

前述のように,溝口は,開かれた価値観形成の視座として,家族に関する内容を授業に取り上げている。類似する授業として,井上(2006)の授業は,上野(1994)のファミリー・アイデンティティの概念をもとに,少子高齢化の現状を理解させ,学習者自身の批判の視点を保障し,社会保障制度に関する自分なりの見方・考え方の育成を図っている。さらに,福田(2013)は,戦前と戦後の社会系教科書における女性像の変化の考察を通して,「女性」を新たな視点として未来に生きる子どもたちの市民性の構成要素に組み入れ,「政治」,「生活」などの要素と組み合わせた,多元的な見方・考え方を育む社会科授業が必要であると指摘している。これらの成果を踏まえ,本章は,日中両国の家族における女性の権利・役割分担に焦点を当てて,単元開発を行う。

4.2.2　単元目標設定

この授業単元は,「家族」に関する日中共通の営みを取り上げ,学習者た

ちに,日中両国の家族形態,生活様式を相対化した上で,家族における女性の権利・役割分担に関する日本人の見方・考え方を提示し,学習者に自分の考え方との共通点を検討させることによって,開かれた多元的な見方・考え方の吟味を図ることを目標とした。なお,本授業は日本の高校「公民」科「現代社会」科目「現代の社会と人間としての在り方生き方」の学習内容を踏まえて開発した。

　女性の権利・役割分担について,日本は,1999 年に男女共同参画社会基本法を制定し,その前文で「男女共同参画の実現を21 世紀の我が国社会を決定する最重要課題と位置づけ」ると示している。一方,中国は,中国共産党第 19 回全国代表大会の報告書で,男女平等を,環境保護,改革開放と並列に,基本国策の一つとして掲げている。この背景には,両国の社会における男女差別問題が挙げられる。男女平等をめぐり,家事の役割分担など家族に関する課題は,日中においても,大きな論争を巻き起こした。ここに通底するのは,家庭生活等において,男性と女性を,いかに等しい権利・義務のもとに置くのかという問題であり,換言すれば,ジェンダーの視点から,自由・平等という普遍的な価値をいかに家庭生活で実現するかという問題であろう。

　そこで,家族における女性の権利・役割分担に関する両国の現状を以下のように設定した。

　①核家族化が進んでいる日中両国とも,男女平等の理念をもとに,現代社会への発展過程に現れた,女性の社会進出や家事の役割分担などに関する社会問題の改善に取り組んでいる。

　②具体的な社会の現状と価値観について,同じく東アジアにおける日中両国の間で共通点が多くあるが,社会発展の軌跡と段階がそれぞれ異なっているため,家族の姓,結婚相手に求める条件といった点では,両国の国民の見方・考え方に多くの相違点がある。

　このような現状において,当該授業は,内面化した価値の自覚を促す

ために，「子随母姓」①，「裸婚」②，「隠孕入職」③，「家事分担」④という家族に関するトピックを取り上げた。この4つのトピックはそれぞれ，家族の姓，結婚相手に求める条件，女性に関する制度的保障と，家事分担に関わる内容である。これらのトピックに関しては，授業対象の高校三年生にとって，すでにある程度認識を形成したものだと考えられる。この4つのトピックについて自身の内面化した価値を自覚させ，日本の社会的な価値を相対化させる上で，両者の共通点を導出することによって開かれた多元的な見方・考え方の吟味を図る。

---

①　「子随母姓」は，夫婦の姓が異なる家庭で，子どもが妻の姓を名乗るべきか否かをめぐる社会論争である．この論争では，夫婦の姓がほとんど異なる中国の家庭において，子どもが母の姓を名乗ることが合理的であるか否かが争点となった．国営新聞社『中国青年報』が2032名の中国人を対象に行った調査結果(資料13)によると，母親の姓を名乗ることを受け入れるかどうかの質問に対して，54.7%の調査対象が大丈夫だと回答している．性別でみると，大丈夫だと回答した男性の調査対象は男性全体の46.1%を占めており，大丈夫だと回答した女性の調査対象は女性全体の62.8%を占めている．

②　「裸婚」とは，「マイホーム，マイカーなどの個人財産を持っていないまま結婚すること」である．マイホームが結婚の必需品だと普遍的に思われる中国において，「裸婚」の合理性をめぐって，大きな論争が起こった．中国の大手お見合いサイト「世紀佳縁」が2016年1月，独身者14687名を対象にした調査(資料14)によると，「裸婚」しても構わないと回答した女性が7%，男性が46%である．参见：中国社会科学院语言研究所词典编辑室.现代汉语词典(第7版)[M].商务印书社,2016.

③　「隠孕入職」とは，2017年09月，ある女性社員が入社3日後妊娠したと会社に報告し，妊娠中も時々休んだりし，産休終わった後すぐ辞職したという事件である．関連記事は多くの新聞紙やニュースサイトに相次いで掲載されている(例えば，資料15).この女性が妊娠を隠して入社することが不正行為であるかどうかをめぐって，全国的な論争が繰り広げられていた．

④　中国国家統計局の『国際統計年鑑2017』によると，2017年に中国の女性の労働力率は63.6%，国民全体の労働力率は70.9%である．男女とも労働率が高い中国においては，家事がどう分担するかが大きな話題となっている．とりわけ，料理を作る・食器を洗うことをめぐる役割分担のことが争点である．ただし，現状では，中国の家庭での男性が負担している家事の量と時間はまだ女性と大きな差がある．参见：中国国家统计局编.国际统计年鉴(2017)[M].北京:中国统计出版社,2018.石原邦雄，青柳涼子，田渕六郎.現代中国家族の多面性[M].東京：弘文堂,2013.

4.2.3 単元構成

　日中比較を通して，開かれた多元的な価値観形成を促すために，以下の単元構成を設定した。

　展開① 家族の概念の理解

　展開② 日本の家族形態とライフスタイルの理解

　展開③ 中国の家族形態とライフスタイルの確認

　展開④ 家族の女性の権利・役割分担をめぐる日中両国の社会の現状の比較

　展開⑤ 家族の女性の権利・役割分担に関する日本人の考え方との比較によって自分の考え方を確認

　展開⑥ 日中の社会的な価値の共通点を導出することによって開かれた多元的な見方・考え方を吟味

　展開①の「家族の概念の理解」過程では，現代社会の家族の成立の構成要素を探り，その成立要件を明らかにしていく。ここでは，前記の井上と同様，上野のファミリー・アイデンティティの概念を取り入れ，家族形態を，ファミリー・アイデンティティの構成要素である血縁および居住から理解する。この2つの構成要素は，取り上げた社会問題の争点につながるため，社会問題を考える契機となる。例えば，「子随母姓」については，血のつながりがあるため，母の姓を名乗っても良いという考えが生まれる可能性があると推察される。

　展開②の「日本の家族形態とライフスタイルの理解」過程は，現代日本社会における家族の形態と日本人のライフスタイルを学習していく。とりわけ，核家族化や共働き家庭に関する事例を取り上げることは，ファミリー・アイデンティティの構成要素である血縁と居住についての理解を深めることになる。

　展開③の「中国の家族形態とライフスタイルの確認」過程は，学習者たち自分自身の生活経験をもとに，中国の家族形態とライフスタイルを確

認し，理解する過程である。

　展開④の「家族の女性の権利・役割分担をめぐる日中両国の社会の現状の比較」過程は，②③で確認した日中両国家族形態とライフスタイルをもとに，女性の権利・役割分担に関するいくつかの社会論争問題の事例を取り上げ，両国社会の共通点と相違点を明らかにしていく。

　展開⑤の「家族の女性の権利・役割分担に関する日本人の考え方との比較によって自分の考え方を確認する」過程は，④で取り上げた社会論争問題に対する日本人の考え方を受け入れることができるかを考え，価値判断を行う段階である。この過程は，提示した日本人の考え方と相対化し，自分の考え方を明らかにすることを求めている。

　展開⑥の「日中の社会的な価値の共通点を導出することによって開かれた多元的な見方・考え方を吟味する」過程は，⑤で形成した価値認識を踏まえ，今後はどのような人生・キャリアを過ごしていきたいのかを考える段階である。提示した日本人の考え方との共通点及びその理由を考えることによって，日本の社会的な価値と学習者の内面化した社会的な価値がつながり，開かれた多元的な価値観を形成することになる。

表4-1　本単元の指導案

		教師の指示・発問	学習者に獲得させたい 知識と提示資料
第1時	導入	・普段家族と何をしているのか。 ・大学に入った後，寮で同じ部屋に住んでいる，一緒に食事をしたり，買い物したりする友達は家族だろうか。 どのような人が家族だろうか。	○いっしょに暮らし，なおかつ血縁関係がある人が家族だと言える。 （学習者から予想される回答） ○普段家族といっしょにテレビを見たり，食事をしたり，買い物をする。○寮で同じ部屋に住んでおり，一緒に食事をしたり，買い物したりしても，そのような友達は家族ではない。

續表

		教師の指示・発問	学習者に獲得させたい 知識と提示資料
	展開①	・具体的にどのような家族が存在しているかを理解しよう.	○上野(1994)に述べている家族形態 1.血縁あり, いっしょに居住, 2.血縁なし, いっしょに居住, 3.血縁あり, 別々に居住, 4.血縁なし, 別々に居住 資料1　ファミリー・アイデンティティの4象限図
第 1 時	展開② (1)	・(表札の写真を提示する)これは何だろうか. ・なぜこの表札で苗字は一つだけ書いてあるのか. ・夫婦同姓の制度を説明する. ・夫婦のどちらがどちらの姓を名乗るケースのほうが多いか. ・女性が男性の姓を名乗る家庭が圧倒的に多いという現状を説明する. ・(2つの苗字がある表札の写真を提示する)なぜでこの表札で2つの苗字が書いてあるのだろうか. ・日本で夫婦別姓のことがあるのだろうか.どのようにすれば実現できるのだろうか。 　日本の家族の夫婦同姓と核家族化について理解しよう。 ・二世帯住宅の写真を提示する)これは何だろうか。人々はなぜ二世帯住宅に入居するのか。 ・日本の核家族化を説明し, データを提示する。	○日本の夫婦同姓について ・夫婦同姓の制度 ・ほとんどの夫婦では, 妻が夫の姓を名乗る. ・夫婦別姓の家庭 ○日本で核家族化が進んできている 資料2　表札の写真, 資料3夫が妻の姓を名乗る家庭の割合, 資料4　日本民法750条, 資料5二世帯住宅の写真

續表

		教師の指示・発問	学習者に獲得させたい 知識と提示資料
第1時	展開② (2)	・A・B・Cの3世帯それぞれの家族構成やライフスタイルを説明し，各世帯の表札と適宜な住宅を考えよう。 ・惣菜と男性向けの家事授業のことを説明する。各世帯の平日の夜の食事を作る場面の会話をグループで考えて発表しよう。 グループ活動を通して日本の家族形態とライフスタイルを理解する ・「男が外で働き，女が家を守る」という日本の考え方を理解しよう。	○「夫は外で働き，妻は家庭を守るべきである」と考える人が少なくなっているとともに，共働き世帯が増えている。 資料6 世帯数構成割合の推移，資料7 男性向けの家事授業に関する写真，記事，資料8 惣菜の写真，資料9 外食の割合，資料10 共働きの割合，資料11 男女分業の調査結果
		補足1 導入から展開②(2)までは第1時間の内容である。 補足2 学習者たちが日本社会に対する認識をほとんど持っていないため，日本の家族については，展開②(1)のマクロ的な視点から作った内容と，展開②(2)のミクロ的な視点から作った内容に分かれた。	
第2時	展開③	・中国の夫婦の苗字は結婚後どうなるだろうか。 ・それで，みなさんはどちらの姓を名乗ったのだろうか。 ・祖父母といっしょに住んでいるか。 ・ご両親の子ども時代はどうだったのか。 ・ご両親は共働きだろうか。 ・お父さんは普段何か料理を作っているのか。皿洗いは？ 中国の家族形態・ライフスタイルを理解する。	○中国の夫婦は結婚後姓を変える必要がない。ただし，子どもはどちらかの姓を名乗るのを決定する必要がある。 ○中国でも核家族化が進んでいる。 ○中国の家庭はほとんど共働きしている。 ○中国でも「男が外で働き，女が家を守る」の考え方があるが，夫婦の家事分担は日本と異なる。
		補足3 学習者たちは中国の家族形態・ライフスタイルについて人生経験を多く持っていると想定しており，その人生経験を生かすために，質問形式で展開3の内容を作成した。	

續表

		教師の指示・発問	学習者に獲得させたい 知識と提示資料
第2時	展開④⑤	・「子随母姓」について学習者たちの姓を聞き，日本人のインタビューデータを流す。そして，感想をワークシート1に記入させる。 ・「裸婚」のデータを提示する。そして学習者たちの感想を聞き，日本人のインタビューデータを流す。具体的な感想をワークシート1に記入させる。 ・「隠孕入職」のデータを提示する。そして学習者たちの感想を聞き，日本人のインタビューデータを流す。具体的な感想をワークシート1に記入させる。 ・家事分担について学習者たちの家族のことを聞き，日本人のインタビューデータを流す。そして，感想をワークシート1に記入させる。 女性の権利と役割をめぐる日本人と中国人の考え方を提示し，日中比較を通して，日本の社会的な価値の相対化と，内面化した中国の社会的な価値の自覚を図る。	○半分以上の中国人は「子随母姓」について受容の態度を持っている。 ○大多数の中国人は「裸婚」に反対している。一方，日本人は結婚する時にマイホームを購入しなくても良いと思っている。 ○「隠孕入職」の内容と日本の「M字型就職曲線」を通して，日本と中国の職場における女性への差別を認識させる。 ○日中両国においても既婚女性は家事分担の悩みを持っている。 資料12「子随母姓」の調査結果，資料13 日本の夫婦同姓に関する調査結果，資料14「裸婚」に関する調査結果，資料15「隠孕入職」の新聞ニュース，資料16 M型就職率曲線，資料17 夫婦双方の家事量の比較

　補足4　展開4，5では，展開2の知識に対応する，「子随母姓」(夫婦別姓に対応する)，「裸婚」(核家族化に対応する)，「隠孕入職」(就職に対応する)，「家事分担」((家事に対応する)という4つの論争問題を取り上げた。論争問題の授業展開は桑原(2000)を参考した。

續表

		教師の指示・発問	学習者に獲得させたい 知識と提示資料
第2時	展開⑥	・以上の感想をもとに，自分は将来どのような暮らしをしたいのかをワークシート2に記入しよう。	（略）

○資料

資料1　上野千鶴子(1994)『近代家族の成立と終焉』岩波書店

資料2　表札の写真

資料3　平成28年度人口動態統計特殊報告「婚姻に関する統計」の概況，https://www.mhlw.go.jp/toukei/saikin/hw/jinkou/tokusyu/konin16/dl/01.pdf，p.10

資料4　日本国民法750条

資料5　二世帯住宅の写真

資料6　世帯人員別にみた世帯数の構成割合の年次推移図，平成30年国民生活基礎調査(平成28年)の結果からグラフで見る世帯の状況，p.6，https://www.mhlw.go.jp/toukei/list/dl/20-21-h28.pdf

資料7　男性向けの家事授業に関する写真

資料8　「男性向け家事授業が急増中：全行程を一人で作るクラスも人気」，『女性セブン』2014年3月27日号

資料9　惣菜の写真

資料10　共働き世帯の1世帯当たりの食料消費支出に占める費目別割合，『平成28年食料・農業・農村白書』

資料11　専業主婦世帯と共働き世帯の推移，https://www.jil.go.jp/kokunai/statistics/timeseries/html/g0212.html

資料12　「男が外で働き，女が家を守る」に関する調査結果，平成26,28年度女性の活躍推進に関する世論調査のデータより

資料13　中国における「子随母姓」についての調査結果，http://www.xinhuanet.com/local/2017-10/17/c_1121812712.htm

資料14　「裸婚」に関する調査結果，http://dl.jiayuan.com/doc/marriage_views/20152016yearly.pdf

資料15　「隠孕入職」の新聞ニュース，http://finance.people.com.cn/n1/2017/0915/c1004-29537250.html

資料16　女性の年齢階級別労働力率の推移，http://www.gender.go.jp/about_danjo/whitepaper/h30/zentai/html/zuhyo/zuhyo01-02-03.html

資料17　夫妻双方の家事量の年齢区分，石原邦雄・青柳涼子・田渕六郎(2013)『現代中国家族の多面性』弘文堂，p.69

　授業は全体2時間構成されている。第1時は，世の中にどのような家族が存在しているのか，日本人の家族はどのような形で，どのように暮らしているのかを学習者に理解させることが中心となる。まず，ファミリー・アイデンティティの概念を学習者に確認させる。そして，日本での名札，二世帯住宅，スーパーの惣菜などの事例を確認させ，女性の権利・役割分担に関する社会の現状を学習者に解釈させる。さらに家庭形態とライフスタイルがそれぞれ異なる架空した家庭の事例を三つとりあげ，家庭の名札，住宅を思考させる。それを踏まえ，各家庭の平日の夕食を作る場面の会話をグループで作成させる。最後に，グループごとに，作成した会話を発表させることで授業を終結する。

　第2時は，第1時の内容を踏まえ，家族に関する日本の社会の現状及びそれに対する日本人の考え方と比較することにより日中の社会的な価値を相対化し，共通点を導出することによって，開かれた多元的な見方・考え方の吟味をねらっている。授業では，まず，中国の家族形態とライフスタイルを確認させる。そして，女性の権利・役割分担に関する中国の論争問題を取りあげ，論争問題の内容を説明させる。そのうえで，日本人の方のインタビュー内容を理解させ，自分がどう考えているかを明確にさせた上で，ワークシート1に記入させる。最後に，ワークシート2に，自分の人生計画を記入させ，授業を締めくくる。

　以上のように，授業は，家族という日中両国で共通する営みに関する内容を取り上げ，女性の権利・役割分担に関する社会の現状と日本人の考え方を理解させ，日中両国の比較を行わせる上で，将来自分がどのように暮らしていきたいのかを考えさせながら，日中の社会的な価値の相対化と共通点の導出により開かれた多元的な見方・考え方を吟味させるものとして構成されていた。

4.3　見方・考え方の吟味に関する授業分析

　授業は中国 J 省の都市部にある S 中学の日本語科主任教諭に依頼し，2018 年 12 月 22 日に高校三年生 30 人(男子 17 人，女子 13 人)を対象に，実施した。ワークシートは27 部回収した。なお，分析結果の妥当性は授業者の教師との確認・検討を通して担保された。S 中学校は所在地である市の国際理解教育基地と認定された。当該授業はその国際理解教育の一環として実施した。

4.3.1　価値の相対化と共通点導出に関する学習者の達成度

　本時では，授業実践の終了直後に，学習者たちに，「夫婦・子どもの姓」,「裸婚」,「共働き・片働き」,「料理を作る・食器を洗う」,「出産・辞職」など5 項目について，日中両国それぞれの社会の現状と共通点・相違点をワークシート1に記入させ，自分にとって理想的な生活とその理由をワークシート2に記入させた。ワークシート1と2での記述の比較・考察により，他者の文化的・社会的な価値の相対化と自身の文化的・社会的な価値の自覚化との共通点を確認し，開かれた多元的な見方・考え方の吟味を判断する。表 4-2は，評価基準とA，B，Cの3 段階に対応する学習者のパフォーマンスの割合を示したものである。

表 4-2　本単元の評価基準と評価結果

	評価基準	結果
A	5 項目について，日中の文化的・社会的な価値を相対化する記述と，自分の認識が見られる。両者の共通点に関する記述も半数以上の項目で確認できる。	44.4% (27 名の中 12 名)

續表

	評価基準	結果
B	5 項目について，日中の文化的・社会的な価値を相対化する記述と，自分の認識が見られる。両者の共通点に関する記述が確認できる。	37.0% （27 名の中 10 名）
C	5 項目について，日中の文化的・社会的な価値を相対化する記述と，自分の認識が見られるが，両者の共通点についての記述が見られない。	18.6% （27 名の中 5 名）

　全体の傾向としては，27 人の学習者において，22 人の学習者が日中の家族を相対化し，家族での女性の権利・役割分担に関する自分の考え方を述べた上で，日本人の考え方との共通点を示した。A 評価の12 人の記述においては，共通点の記述が，半数以上の項目で確認できた。B 評価の10 人の記述においては，共通点の記述が，1つ以上の項目で確認できた。最後の5 人の記述では，日中の家族の特性と，家族での女性の権利・役割分担に関する自分の考え方が述べられたが，自分と日本人の考え方の共通点に関する記述が確認できなかった。

4.3.2　学習者 Xのワークシートの考察

　次に，A 評価の学習者 X(男性)のワークシートの記述をもとに，価値観形成を考察する。考察は，次の手順で行う。まず，内面化した社会的価値の検討をワークシート2で行い，次に，そのことと他者の価値の相対化との関係を明らかにするためにワークシート1を分析する。
　第一に，自分の家族の女性の権利・役割分担に関するワークシート2の記述をもとに，内面化した社会的な価値の自覚化を考察する。

表4-3　ワークシート2のデータ（学習者 X）

夫婦の姓とも，結婚後変わる必要がありません。子どもの姓については，双方のご両親は反対しなければ，妻の意見を尊重します。「裸婚」はしません。家庭生活のために，必需品を用意したほうがいいと思います。そうすれば，幸福感と安心感がします。生活が貧乏ではなかったら，片働きをしたいです。私が外で働き，妻は家のことをするパターンがほしいです。でも，もし妻が就職する意思があれば，もちろん妻の決定を尊重します。料理・お皿洗いは双方で分担したいです。もし妻が妊娠したら，辞職しても良いです。

もちろん，就職活動での女性差別の現状が変われば一番理想的ですが，それが実現しなければ，個人として，妻に，戻っても良いという避難港のような家を提供したいです。

＊第一段落は筆者が学習者 Xの日本語による記述を書き起こしたものである。また，イタリック体の第二段落は，筆者が「辞職しても良い」の意味に関する聞き取りのデータを訳したものである。

　まず，中国は，現在国民収入が低くなおかつ住宅価格が上昇しているところで，不動産が投資品とみられている現状①にある。この現状を踏まえ，「幸福感」や「安心感」を得るために「裸婚」したくないことと，家事は双方で分担するという記述から，学習者は，家庭を，「幸福感」や「安心感」が獲得できて夫婦共同で維持していく場所として捉えていることが見出された。すなわち，家族がお互いに依存し，「幸福感」や「安心感」を追求していく存在であるという考え方が確認できた。

　また，中国において，平均年収が低くて共働きをせざるを得ない家族が多く存在しており，「女性の就労は『定形化』されているために，日本のように，働くかどうかということが個人の性別役割分業意識によって

---

　①　中国国家統計局によると，2018 年中国の国民平均年収は28,228 元である.その中で，都市部居民の平均年収は39,251 元であり，農村部居民の平均年収は14,617 元である.また，中国国家統計局データベースのデータにより，2017 年中国商品住宅平均価格は7614 元/m² である.そして，2010 年，2005 年，2000 年のは，それぞれ4725 元/m²，2936 元/m²，1948 元/m² である.

左右されることがない」（石原・青柳・田渕, 2013：241）。そのため，「『裸婚』に反対する」，「辞職しても良い」や「避難港」といった内容では，妻の就職に関する決定への支持と，中国の社会の現状に置かれる女性のことを特別に配慮する必要があるという考え方が確認できた。

　さらに，「共働き・片働き」で「妻の決定を尊重する」という記述で，男女が就職する権利を平等に有するという認識が示された。そして，「妻に，戻っても良いという避難港のような家を提供したい」という記述で，「妻の意見を尊重する」行動に対する認識が示された。

　しかし，「夫婦・子どもの姓」という姓名権の項目について，「妻の意見を尊重する」，「変わる必要がありません」といった記述が見られるが，「双方のご両親は反対しなければ」というように，留保条件が付けられている。このように，「夫婦・子どもの姓」の項目では，父権的な考え方が示されているが，その他の項目の記述では，男女平等の考え方が示されている。いずれの項目でも，家族の女性の権利・役割分担について，文化的・社会的な価値の自覚化が確認できた。

　第二に，ワークシート1の「夫婦・子どもの姓」と「裸婚」の記述をもとに，学習者Ⅹの感想文で文化的・社会的な価値の自覚化と他者の文化的・社会的な価値の相対化との共通点を考察する。

表4-4　ワークシート1のデータ（学習者Ⅹ）

　①「夫婦・子どもの姓」について：「日本で女性研究者が夫の姓を名乗ると，改姓前の論文が，新な姓名で検索できなくなる。女性は，結婚後，男性の姓を名乗らないほうが良い。結婚したことを示すだけで女性の利益を犠牲にすべきではない。」
　②「裸婚」について：「日本人の考えはとても現代的だ。結婚後の子育てや転勤などの状況に基づいてマイホームの購入を決める。中国人の考え方は伝統的だ。昔の自然社会のような考えだと思います。家を持っていないと身を寄せるところがない。私はたぶん中国人タイプで，できるだけ将来が見えるような安定する生活が欲しい。だから，私は結婚する前に家を購入したい。」

＊ワークシート1の内容は筆者が学習者Ⅹの日本語による記述を書き起こしたものである。

「夫婦・子どもの姓」については，インタビュービデオで，ある日本人の女性が，将来研究者を目指すため，結婚した後でも通称を使おうと思うと述べていた。学習者Xの記述の前半部分は，インタビューの内容から読み取った事実認識である。この事実認識をもとに学習者Xが行った価値判断とその理由が，記述の後半部分となる。この記述では，学習者Xが，日本の現状に関するインタビュー対象の考え方と，中国の現状に関する自分の考え方と相対化したうえで，女性の権利を保障すべきという認識をもとに，名乗る側の女性だけ不利益を受けることが不公平であるという考え方を示している。ワークシート2の「妻の意見を尊重する」という記述でも，女性の権利保障を重視しようとする態度が見られた。このように，「夫婦・子どもの姓」については，女性の尊重・権利保障の点から見れば，学習者Xが，日本の社会的な価値と，自覚した中国の社会的な価値を連関的に捉えていることが確認できた。

「裸婚」について，インタビュービデオで，ある日本人の男性が，自分のマイホーム購入の経緯を説明した。記述の前半部分は，その説明から読み取った事実認識である。後半部分で，学習者Xは自分の理解で日本人と中国人の考え方を相対化し，価値判断を行った。この内容では，学習者Xが日本人と中国人とも家族の幸福を追求することを認識したうえで，日本人が実際の状況をもとに家の購入を決める一方，自分のような中国人が結婚前に家を買うという原則があるという考え方を示した。中国人の部分はワークシート2の記述と一致する。このように，「裸婚」については，学習者Xが，日中の現状と人の考え方を相対化した上で，家族の幸福を追求する点で，日本の社会的な価値と，内面化した中国の社会的な価値を連関的に捉えていることが確認できた。

これまでの考察・比較のように，まず，ワークシート2では，学習者Xが，家族の女性の権利・役割分担について，内面化した中国の社会的な価値を自覚したことが確認できた。さらに，ワークシート1では，学習者Xが，日中の社会的な価値を相対化した上で，共通点を導出したことが確

認できた。また，ワークシート2での自分の家族に関する考え方と，ワークシート1での中国人の家族に関する考え方と一致する関係が確認できた。したがって，学習者 Xが内面化された中国の文化的・社会的な価値を自覚し，相対化した日本の文化的・社会的な価値につながり，開かれた多元的な見方・考え方を吟味したと考えられる。

4.3.3　授業の改善点の検討

　しかし，学習者全体のワークシートデータからみれば，授業の改善点として以下三点があげられる。

　第一に，感想文では父権主義と女性への配慮とを混同しがちな傾向が見られた。例えば，感想文では，家を「提供」したいという記述が見られた。このような記述から，男子学習者が家の全てを負担する責任感を肯定すべきである一方で，夫が家を支え，妻が夫を支えるような主従関係の認識になれば，父権主義的な認識が生じる恐れがあろう。

　第二に，今回の授業は家族メンバーを異性婚の夫婦や実の子どもに簡略化①した。しかし，男子１名，女子６名は子どもを産まなくても良いと記し，さらに，女子６名の中で1 名は養子縁組をしたい，2 名は結婚するつもりはないと記している。この状況を踏まえ，今後は，養子縁組など多様な家族形態の視点を取り入れて授業を修正する必要があろう。

　第三に，当該授業は，中国の課題を中心にした内容を取り上げ，日中比較によって，内面化した社会的な価値の自覚と，日本と共通する点の導出を図った。今後は，日本の課題を視点として内容を取り上げ，日中の現状と人の考え方を比較する授業を試みる必要がある。それによって，学習者が日本人の考え方を参考にして，自国の課題に取り組もうとする態度を形成する可能性がある。例えば，度重なる転勤が家族生活に及ぼす影

---

　①　本稿は，家族の内容をわかりやすく理解させるために，実験授業で家族メンバーを異性婚の夫婦や実の子どもという構成に簡略化した.

響に関する内容を授業に取り上げれば，学習者 Xが，常に転勤するとマイホームを買っても住む時間がないというような認識を形成し，結婚する前にマイホームを購入しなくても良いという考え方になる可能性があろう。このような可能性は今後の授業で検証する必要がある。

4.4　小　　結

　本章では，社会系教科の授業構成論をもとに，日中両国の社会・文化の内容学習における自発的な発言を支える，目標言語集団に「存在する多様な視点を理解し」，目標言語話者の「意見との共通点を見つけることが可能であると認識する」ために必要な授業論理を開発した。まず，社会系教科の授業構成論の知見を整理したうえで，これまでの主権者教育を中心にした授業構成論では，国の統一性と国民，家族といった構成要素の多様性が示されたことで，グローバル社会における国の多様性が暗黙的に扱われることを考察した。次に，日中両国における家族での女性の権利・役割分担に関する社会問題を取り上げ，日中の社会的な価値を相対化し，なおかつ共通点の導出を行うことによって，開かれた多元的な見方・考え方の吟味を目指す授業を開発・実践した。さらに，ワークシートデータをもとに，授業で，学習者 Xが開かれた多元的な見方・考え方を吟味したことを考察し，授業の改善点を明らかにした。

　以上から，本研究において，多元的な見方・考え方の吟味を促すための基本的な授業構成上の原理として，開かれた多元的な見方・考え方の吟味を図ることを通して，意見表出の正統性を保障しながら，学習者間に非対称関係を作らないことが必要であると言える。そして，そのための授業構成として，開かれた社会において多様な見方・考え方があることを学び，それらの相対化と共通点の導出を行い，かつ，意見交換を通して学習者間にも多様な見方・考え方があることを学び，同時に各自が意見表明しうることを学ぶ展開が用意されていることが必要であると確認

できた。

　これらの授業構成原理と展開を踏まえて，主体性を尊重した外国語学習のための，意見表出の機会を保障する多元的見方・考え方の吟味に関する授業として，以下の授業モデル（図 4-1）を考えることができる。第 5章では，この授業モデルに則って日本語学習の単元の開発・実践を行う。

図 4-1　開かれた多元的な見方・考え方の吟味による発言機会
保障の外国語授業モデル（仮）

◎引用文献

［1］ MENARD-WARWICK, J., MORI, M., REZNIK, A., & MOGLEN, D. Values in the ELT classroom［M］// The Routledge Handbook of English Language Teaching. London：Routledge. 2016：556-569.

［2］ 吉村功太郎. 社会的合意形成能力の育成をめざす社会科授業［J］. 社会科研究, 2003, 59：41-50.

［3］ 溝口和宏. 開かれた価値観形成をはかる社会科教育：社会の自己組織化に向けて：単元「私のライフプラン―社会をよりよく生きるために―」の場合［J］. 社会系教科教育研究, 2001（13）：29-36.

［4］ 桑原敏典. 自立的な価値観の形成を目指す社会科論争問題学習：「アメリカの社会的論争問題」を事例として［J］. 社会系教科教育研究, 2000（12）：97-104.

［5］ 胤森裕暢. 対話を重視した「価値観形成学習」による「倫理」の授

業開発：単元 ジョブズとゲイツの挑戦-資本主義の倫理的問題を考
える [J]. 社会科研究, 2014(80)：45-56.

[6] 上野千鶴子. 家族の臨界—ケアの分配公正をめぐって[M]// 牟田和
恵. 家族を超える社会学—新たな生の基盤を求めて. 東京：新曜
社, 2009.

[7] 吉村功太郎. 市民性の育成をめざす社会科授業の開発：公共性を視
点にして[J]. 社会系教科教育学研究, 2005(17)；61-69.

[8] 溝口和宏. 開かれた価値観形成をめざす社会科教育：「意思決定」
主義社会科の継承と革新[J]. 社会科研究, 2002(56)；31-40.

[9] 井上奈穂. 学習者の批判の視点を保障する社会科授業の開発：「ファ
ミリィ・アイデンティティ」の概念に基づいて [J]. 社会科教育論
叢, 2006(45)：58-63.

[10] 上野千鶴子. 近代家族の成立と終焉[M]. 東京：岩波書店, 1994：4-10.

[11] 福田喜彦. 戦後初等社会科教科書にみる「女性」記述と市民性の位
相：東京書籍版社会科教科書の歴史的考察をもとにして[J]. 愛媛大
学教育学部紀要, 2013(60)：125-142.

[12] 日本内閣府. 男女共同参画社会基本法 [EB/OL]. [2021-05-15].
http：//www.gender.go.jp/about_danjo/law/kihon/9906kihonhou.html.

[13] 石原邦雄, 青柳涼子, 田渕六郎. 現代中国家族の多面性[M]. 東京：弘
文堂, 2013.

第5章 主体的な日本語授業参加への
促進効果の考察

　第4章では，日中の家族の権利・役割分担を題材にして，①日中両国の構成要素の多様性を示す②社会的価値の比較と共通点の導出という開かれた多元的な見方・考え方の吟味を図る授業構成を開発した。それを踏まえて仮設された「開かれた多元的な見方・考え方の吟味による発言機会保障の外国語授業モデル」に基づいて，本章では，日本語授業を開発・実施し，学習者の主体的参加と意欲の向上への促進効果を検証することを目的とした。

　学習者の主体的参加と意欲の向上の指標として，ここでは，ワークシート1における記述において，①日本語使用の程度と②記述内容を検討した。ワークシートでは中国語の使用も認められていたが，日本語を使用して自身の意見を表明することは，授業への積極的参加の指標と考えられる。また，記述の文法的修正や表現の修正もまた，自身の意見をより適切に日本語で表現したいという意欲の表れと考えられる。

　そのために，本章ではまず①中国の高校日本語科の日本語教育における当該授業の位置づけを検討する。②第4章で開発した授業構成をもとに，日本語学習のミニ単元を開発し，実践する。さらに，③授業実践のワークシートデータをもとに，当該授業では学習者の主体的な授業参加がどのように保障されているのかという観点から授業効果を検討する。最後に，④③の検討をもとに，本章の成果を明らかにする。

5.1　当該授業の位置づけ

　当該授業は2021年6月9日に，第4章の授業と同一の中国のJ省都市部にあるS中学の日本語学科主任教諭に依頼して実施した。授業対象はS中学の2年生37人(男子16人，女子21人)である。

　日本語学科では，日本語の授業が週7回行われ，《日语》という教科書で教授する。教科書には，「聞く」「話す」「読む」「書く」の四技能に加え，総合的な言語活動も収録している。当該授業で教科書は人民教育出版社の2008年版の《日语》を使用した。その教科書は必修5冊，選択2冊の編成となっている。必修5冊は，留学や就職などで中国の高校卒業資格だけを求める学習者，選択2冊は，中国の大学に進学する必要のある学習者を対象としている。

　本章は人民教育出版社《日语(必修5)》の第25課(各課は7時間の授業で構成される)「わたしの将来」を対象にし，改善授業の開発を行った。第25課の目標は「人の人生を知り，自分の将来を想像して設計図をかいて日本語で説明する」ことである。教科書での第25課の構造は表5-1の左側の「改善前」の欄にまとめている。

　当該授業には，本研究で明らかにしてきた開かれた多元的見方・考え方の吟味の授業構成原理に照らして，具体的に以下三つの改善点が存在すると考えられる。

　第一に，当該課は人生の設計図を日本語で説明することを目標として設定したうえで，第1時間で学習者に自分の人生計画を討論させる。しかし，日本語能力の制限で学習者は必ずしも日本語で自分の人生計画を表出できないと考えられ，教師が日本語のみにこだわると，学力の格差で非対称的な関係が生まれる可能性がある。

　第二に，当該課の「人生設計」に関する内容には，日本で暮らすという選択肢が設けられておらず，日本・日本語のことが言及されていない。日本に関する内容の学習及び意見表出を求める学習者にとって，教師が規定された授業内容に固執する場合，彼らの授業参加の正統性が失われることになりかねない。また，当該課の目標には「人の人生を知る」ことを述べているが，教科書には，ある著名な数学者以外，架空の事例しかあげられていない。しかも，この数学者が人生の最期に東京大学で学術講演をしていたこと以外日本とのつながりがない。もちろん，この学者が逆境の中で立ち上がってたゆまず努力したことを通して大きな研究成果を収めたという事例が良い事例であることは否定できないが，その上で日本人もしくは日本社会に関わる事例とデータをさらに充実する必要があると考えられる。

　第三に，当該課には，「人生設計」と，『世界子ども白書』における「女性のエンパワーメント」の内容が見られた。しかし，「人生設計」の内容にはジェンダーの要素が含まれず，なおかつ，「女性のエンパワーメント」の内容は読解素材として授業の最後に編成されているのみである。つまり，当該課の編成には，「人生設計」の内容と，ユニセフの子ども白書での女性の役割と権利に関する内容が関連づけられていない。

　そこで，上記三つの改善点に取り組むために，本章は第4章で開発した授業構成をもとに，日本社会やジェンダーに関わる内容を取り上げて改善授業を開発する。当該授業の学習を通して第25課全体の学習意欲を向上させるために，この授業は第25課の最初に位置づけたい。当該授業での日本社会・文化に関する資料は全部日本語のまま学習者に提示する。当該授業の目標と重なっている活動内容を削除した上で，改善後の第25課の流れは表2の右の欄にまとめている。

表 5-1　第 25 課「わたしの将来」の構成

	改善前	改善後
第 1 時間	「あなたは人生をどのように計画してみたいですか」の質問について話し合い，数学者の人生についての文章を読んで，感想を述べる。文章での文法を習う。	当該ミニ単元「男は外，女は内？」授業活動を行う。(本時)
第 2 時間		
第 3 時間	いくつかの事例を通して，他の人の人生設計を理解する。	数学者の人生についての文章を読んで，感想を述べる。文章での文法を習う。
第 4 時間		
第 5 時間		いくつかの事例を通して，他の人の人生設計を理解する。
第 6 時間		
第 7 時間	自分の人生を設計する日本語活動を行う。	自分の人生を設計する日本語活動を行う。

5.2　授業開発

5.2.1　単元構成

　研究目的を達成するために，以下のように単元構成を設定した。

　単元内容について，第 4 章の授業の実施状況をもとに，同授業実施者の教師と相談し，学習者が興味関心と経験を多くもつ「家事分担」のテーマを取り上げた。第 4 章で実施した授業内容との整合性を図るために，その授業で提示したインタビュービデオと類似する「専業主婦」および「寿退社」の事例を中心に授業内容を開発した。

　当該授業では，次の 3 点で示すように，第 4 章の授業構成をもとに，コミュニケーション活動の割合を増加して再構成した。

　まず，家族に関する知識の補充並びに社会・文化の理解を求める第 4
章の展開①-④を，当該授業の展開①にまとめた。

　次に，第 4 章の展開⑤と同様に，日本人の考え方と比較して共通点を
導出させる当該授業の展開②，③を設定した。

　さらに，言語実践の機会を保障するために，開かれた見方・考え方の
吟味をさせた後，学習者間のコミュニケーションと振り返りを図る展開
⑤を設定した。

　具体的な流れは次の通りである。

　展開①は「内容理解のための知識の補足」段階である。この段階におい
て，文化の側面では，日本人の家庭観について初歩的な理解を形成させ
る。そのために，いくつかの事例を提示し，授業活動に必要な知識の補充
を図る。言語の側面では，これからの日本社会に関する内容の理解に必要
な新出単語の教授を行い，言語活動で使用可能な既習文法を復習する。

　展開②は「日本人との比較による観点の形成」段階である。この段階に
おいては，学習者に日本人の考え方に対する感想をワークシートに記入
させることにより，家庭内の役割分担について価値判断を行い，日本語
で自分の見方・考え方を表出させる。

　展開③は「開かれた授業空間における自分自身の立場に対する認識の
形成」段階である。この段階において，文化の側面では，日本人の家庭観
に関する資料の理解並びに，他の学習者の考え方との比較により，開か
れた授業空間における自分自身の立場を認識させる。

　展開④は，「社会・文化に関する多元的で共感的な対話」を図る段階で
ある。この段階において，できるだけ多くの他者と対話しやすい環境を
作るために，討論活動を中心に展開した。文化の側面では，日本文化を
背景とした対話活動により，多元多層的で社会的な文脈における様々な
他者との共感的な理解を形成するのを図る。言語の側面では，自分自身
の立場からの観点形成を支援することにより，実際に日本語で自分の意
見を表出できる授業環境を構築する。

　展開⑤は,「既習内容に対する意識的な内省」を促す段階である。この段階においては,作文を完成させることで,当該授業の文化学習および言語活動参加をもとに,家事分担に関する考え方を形成しながら日本語で表出させる。それとともに,既習された言語知識に対する内省を促す機会を設ける。

5.2.2　単元計画「男は外,女は内?」

　授業は全体2時間構成されている。第1時は,家族に関する日本の社会の現状及びそれに対する日本人の考え方と比較することにより自分の観点を形成し,開かれた授業空間における自分自身の立場を認識させる。まず,「専業主婦」(日本のCM動画)および「寿退社」の事例(関連記事2件)を提示し,学習させる。さらに,寿退社に対する自分の観点及びその理由をワークシート1(参見付録1)に記入させ,発表させる(日本語)。最後に,関連資料をもとに日本人の家庭観をさらに説明し,日本人の考え方と学習者たちの考え方の共通点・相違点を認識させることで授業を終結する。

　第2時は,第1時の内容を踏まえ,日本文化を背景とした言語活動を設け,多元的で共感的な対話の生み出しをねらっている。まず,第1時のワークシート1の記入内容をもとに,同様な立場におかれる学習者を同じグループに編成する。次に,同じ立場の学習者同士にグループ内で意見交換(日本語)を行わせる。さらに,各グループの代表に各自のグループの意見をA1サイズのワークシート2(参見付録2)に記入し発表させる(日本語)。その後,お互いのグループの発表内容について意見交換を行わせ,コメントをワークシート3(参見付録3)に記入させる(日本語)。さらに,コメントを追加する必要があると感じた学習者に,ポスターの対応する項目の近くに付箋で自分の意見を掲示させる。最後に,もう一度お互いのグループの発表内容について意見交換を行わせ,学習者に作文の宿題(日本語)を出すことで授業を締めくくる。なお,発表等において日本語の補助として中国語の使用も認めた。

　指導細案は次のようである。

表 5-2　本単元の指導案

単元目標：日本人の家庭観を初歩的に理解する。その上で，自分自身の立場から，理想的なライフスタイルについて，自分の観点を日本語でわかりやすく表出する。

「核心素養」の育成目標：身近なテーマについて自分の観点を日本語で完全に表現することができる。(日本語科・言語能力・5 級①)

	授業過程	教師の指示・発問	教授学習過程
第1時	導入(5分)	・どのような家事ができるか。 ・普段家事をどれくらいやっているか。 ・当該活動で使える文型の復習　・新出単語の説明	○家事が高度な仕事であるが，どんな家庭でも直面しなければならないことである。 T：学習課題を提示する。 S：予想する。 T：復習・予習の文法・単語を確認させる。 S：復習・予習の文法・単語を確認する。
	展開(30分)	・動画資料の提示により，日本人の代表的な考え方「男は外，女は内」を説明する ・「専業主婦」と「寿退社」のことを紹介する	T：普段家で誰がお皿洗いをするのか。 S：父または母 T：日本の動画(洗剤のCM)を流す。動画の中で，旦那さんがお皿を洗っているのを見た奥さんが涙溢れた。 T：この動画から見れば，日本人の家で普段誰がお皿洗いをすると思いますか。 S：奥さん T：ビデオについての感想を聞く S：自分の家の状況を踏まえて感想を言う。 T：日本の「専業主婦」と「寿退社」のことを紹介し，日本に対する認識を深める。

① 　中学段階の育成目標は1-3 級，高校段階の育成目標4-6 級のように区別し規定された。

續表

	授業過程	教師の指示・発問	教授学習過程
第1時		・家庭内の役割分担についての考えをワークシート1に記入させる。　あなたは「寿退社」が良いと思いますか。その理由(3つぐらい)を記入してください。	T：時間,お金や人生観などの視点を提示し,ワークシート1を記入させる。　S：自分の考え方をワークシート1に記入する　T：学習者が記入した理由における賛成と反対の意見の数により学習者の立場を確認する。この立場確認は第2時の活動の事前準備にもなる。
	まとめ(5分)	・日中での家庭の役割分担についてまとめる。　・日中両国とも,多元的な家庭観が存在する。	T：①中国の家庭主婦が増えること②日本の共働き家庭が増えることに関する新聞記事・統計資料を提示し,多元多層的な社会認識を形成させる。　S：教師の提示した資料をもとに,日中両国に対する社会認識を深める。
第2時	導入(5分)	本時のディベート活動の流れと内容を説明する。　授業活動「先生を助けてください！」　先生の友達,李さんは日本にいます。　李さんは来月田中さんと結婚する予定です。　先日李さんが先生に相談に来ました。李さんは結婚したら,仕事をやめるかを迷っています。先生は李さんにどう答えれば良いのでしょうか。　皆さんのお考えを教えてください！　(李さんについての説明は省略)　A：共働き　B：家庭主婦	T：第1時のワークシートをもとに学習者の立場を再確認し,「共働き」グループと「家庭主婦」グループを編成する。　S：教師の指示に従って自分のグループを決める。　T：本時の活動内容を説明する。　S：本地の活動内容を確認する。

續表

	授業過程	教師の指示・発問	教授学習過程
第2時	展開 (25分)	・各グループにそれぞれ賛成・反対理由を3つあげ，A1サイズのワークシート2に記入して黒板に貼り付け，発表させる。	T：グループ討論とワークシート記入をさせる。ワークシートの内容をグループごとに全体の前に発表させる。 S：グループごとに討論し，討論結果を発表する。
		お互いのグループの賛成・反対の理由に対してコメントを討論させる。討論結果をもう1枚のワークシート3に記入させ，ワークシート2の右に貼らせる。	
		ワークシート3のコメントに対してもし感想があれば，その感想を付箋に記入させ，そのコメントの近くに貼らせる。	
		もう1つのグループのコメントに対して各グループに討論させ，討論結果を発表させる。	
	まとめ (10分)	教師は各グループの発表・コメント内容を講評する。そして宿題を出して感想文を記入させる。	T：本時の内容をまとめる。 S：本時の既習した内容を確認する。本時の授業への感想を用紙に記入する。

5.3　主体的な日本語学習への促進効果の考察

　前述したように，学習者の文化・社会に関する思考を支援するために，二つの授業においてもワークシートを配布した。これらのワークシートにより学習者の思考過程の見える化を図る。各ワークシートの関係及び使用の時間帯は図 5-1 を参照されたい。

　本節では，学習者がいかに日本語学習活動に主体的に参加しているかを考察するために，これらのワークシートの記入内容をもとに，授業過程を分析する。感想文のカテゴリ化は，KJ 法をもとに授業の感想文分析に特化した河野辺(2017)の分析技法を参考にした。当該授業の分析では，筆者と日本語も中国語も堪能な教育学専攻の大学院博士課程学生(中国人留学生)1 名が共同でデータを確認してカテゴリ化した。

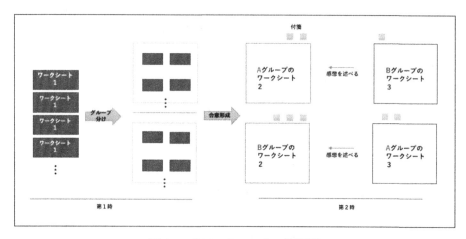

図 5-1　各ワークシートの関係図

5.3.1　ワークシート1における各学習者の日本語使用状況

　まず，当該授業における学習者の位置づけ(中心か周辺か)について確

認する。当該授業が日本語で行われるとともに補助的に中国語を使用するのも可能なため，授業での日本語の使用状況を通して，学習者の位置づけが周辺的か中心的かを確認できると考えられる。ここではワークシート1のデータをもとに，各学習者の日本語使用状況を把握した。

　表5-3で示したように，37人の学習者の書いたそれぞれ3つの賛成・反対の理由，合計111項目のデータを，日本語記述の有無に基づいて，「日本語だけ」，「日本語も中国語もあり」，「中国語だけという3つのカテゴリに分類した。

　各カテゴリの人数は，合計37人の中で，3項目とも「日本語だけ」で記述した学習者は10人，中国語と日本語両方とも用いて記述した学習者は25人，3項目とも「中国語で記述した学習者は2人確認した。また，項目ごとに分類すると，合計111項目のデータにおいて，「日本語だけ」のデータは52項目，「中国語も日本語もあり」のデータは46項目，中国語だけのデータは13項目確認した。

　集計結果から，次の二点が示唆された。

　一つ目に，当該授業では日本語も中国語も使用できるのに対して，「日本語だけ」のデータの項目数が一番多いことから見れば，当該授業における学習者の日本語使用の傾向が中国語より強いことが示されたと考えられる。

　二つ目に，「日本語だけ」のデータは52項目で全体の半数以上を閉めるが，3つの項目とも日本語で記述した人は10人であり全体の3分の1以下であった。全体として日本語使用の傾向が強いが，特に日本語だけで記述できたのは特定の10人であったといえる。彼らは本授業の討論活動で，より中心的な位置を占めたと考えられる。一方，3つの項目とも中国語だけで記述した2人はより周辺的な位置にあるのであろう。

5.3.2　ワークシート1のデータから捉えた日本語学習への主体的な参加

　しかし，当該授業は，「日本語だけ」の10人の主体的な日本語発言を促したとは言えない。なぜなら，このような能力もしくは自信の高い学習

者は，他の授業においても高い自己評価をもとに日本語で発言する可能
性が高いからである。それでは，より周辺的な位置にあると考えられる
学習者はなぜ中国語を使用していたのか。とりわけ，「中国語だけ」の2
人の学習者は，中国語だけを使用する原因は日本語学習の意欲の低下で
あろうか。

　次は，各カテゴリの項目において単語・文法の修正の有無ならびに，
日本語表現が適切か否かの視点から当該授業での日本語学習行為を検討
する。

表 5-3　ワークシート1の記述内容の使用言語

記述内容の類型		人数	項目数*	
日本語だけ	修正なし & 適切な日本語表現	10	52	7
	単語・文法の修正あり & 適切な日本語表現			33
	日本語表現が適切ではない			12
中国語も日本語もあり	中国語の文も日本語の文もあり	25	46	13
	中国語で日本語の伝えない内容を補足			18
	日本語で作成中の内容を中国語に修正			5
中国語だけ	中国語の記述	2	13	10
	日本語で作成中の内容を中国語に修正			3
合計		37	111	

＊項目数の人数は延べ人数である。

「日本語だけ」の項目　表 5-3のように，52項目の「日本語だけ」のデータ
においては，【修正なし & 適切な日本語表現】，【単語・文法の修正あ
り & 適切な日本語表現】，【日本語表現が適切ではない】項目がそれぞ
れ7項目，33項目，12項目確認できた。

　その中で，【修正なし & 適切な日本語表現】の項目は学習者の日本語
能力を表すものではある。一方【単語・文法の修正あり & 適切な日本語

表現】では，中国語簡体字の"机会"から日本語の「機会」への修正という記述的・文法的修正が確認されたため，このようなデータは，日本語を正確に書こうという意欲の表れと考えられる。「仕事したがる女姓もあるし，仕事したがらない女姓もある。ただ結婚や育児などことで退社すれば，それは真実の考えじゃない」(原文のママ)という【日本語表現が適切ではない】のデータのように，日本語だけで意見記述したもののうち，必ずしも正しい日本語ではないものも含まれていた。しかし，ゆえにこそ，日本語による主体的な意見表明の意欲の表れといえる。

「中国語も日本語もあり」の項目　46 項目の「中国語も日本語もあり」のデータにおいては，【中国語の文も日本語の文もあり】，【中国語で日本語の伝えない内容を補足】，【日本語で作成中の内容を中国語に修正】の項目がそれぞれ13 項目，18 項目，5 項目確認できた。

　その中で，日本語を書く前に中国語の文を書いた【中国語の文も日本語の文もあり】データは，【単語・文法の修正あり & 適切な日本語表現】と同様に，日本語を正確に書こうという意欲の表れと言える。【中国語で日本語の伝えない内容を補足】の項目では，できれば日本語で書こうとする意欲があり，難しいところは中国語で書いたもののため，このような両言語が混じっても意見を書こうとする態度は主体的に参加していることの現れともいえる。しかし，【日本語で作成中の内容を中国語に修正】の項目では，日本語を書こうという意欲が見られたが，中国語に修正されたことは自分の意見を述べるには日本語能力が不十分であるという自覚があってのことであり，それはむしろ本授業での意見表明の意欲の表れと言える。

「中国語だけ」の項目　13 項目の「中国語も日本語もあり」のデータにおいては，【中国語の記述】，【日本語で作成中の内容を中国語に修正】，の項目がそれぞれ10 項目，3 項目確認できた。【日本語で作成中の内容を中国語に修正】の項目では日本語を書こうという意欲が見られたと言える。しかし【中国語の記述】は，自分の意見の表明に日本語能力が不

十分であるという自覚のゆえとも考えることはできるが，日本語での意見表明の意欲を確認することはできない。

　このようにワークシート1での日本語の使用状況から，学習者は全体的に日本語で発言する意欲が高いと言える。その中で，ワークシートの内容を全て日本語で記入した一部の学習者(「日本語だけ」【中国語の文も日本語の文もあり】)が確認された。しかし，日本語能力または自信が高ければ他の日本語授業にも積極的に参加する可能性が高いため，このような学習者のデータは当該授業の効果を示す証拠と見なすことができないと考えられる。

　とはいえ，日本語能力の不足にもかかわらず，両言語が混じっても意見を書こうとする態度を表した学習者(【中国語で日本語の伝えない内容を補足】)が確認された。このことからは，使用言語を限定せず意見表明を中心にする授業設定は，日本語能力次元において当該授業の周辺的位置にある学習者の主体的な授業参加の意欲を支えると言えるだろう。それは，【日本語で作成中の内容を中国語に修正】の項目でさらに明確になると考えられる。

　これまで考察したように，当該授業においては，そもそも日本語能力または自信が高い学習者(「日本語だけ」【中国語の文も日本語の文もあり】)の主体的な学習への促進効果が確認できない。一方，日本語能力次元において当該授業の周辺的位置にある学習者の主体的な授業参加の意欲(【中国語で日本語の伝えない内容を補足】【日本語で作成中の内容を中国語に修正】)が確認できた。この学習意欲は言語に限らず意見表明を中心にする授業設定に支えられたと考えられる。

5.4　ワークシート1における学習者の意見の多様性

　本節では，引き続きワークシート1のデータをもとに，開かれた価値観形成を図る授業内容構成は学習者の意見表明にどのような影響を与える

かについて考察する。

5.4.1　ワークシート1における「寿退社」に対する学習者の立場

第1時の最後，女性の「寿退社」について，賛成か反対かについての価値判断と3つの理由をワークシート1に記入させた。学習者の記入した立場は表5-4にまとめた。

表5-4　ワークシート1における「寿退社」に対する学習者の立場

記入内容の類型	学習者数		
3項目とも「寿退社」に賛成	0		
3項目の中で賛成も反対もある	20	賛成2反対1	6
		賛成1反対2	14
3項目とも「寿退社」に反対	17		

表5-4から見れば，17人の学習者が，寿退社に反対する理由を三つ記入することで，片働き①に反対する立場を示した一方，「寿退社」に賛成する理由を三つ記入する学習者はいないことが確認された。さらに，三つの理由において20人が賛成と反対の両方の意見を記入した。

5.4.2　Aグループのワークシート1における「寿退社」に対する意見の多様性②

学習者の立場を踏まえ，教師が反対の理由を三つ記入した学習者17人

① 本研究では，女子だけが家事をすべきだという観点を学生に押し付けないために，専業主婦ではなく片働きという言葉を用いた。この言葉は二宮(2006)などでも使用された。ただし，この言葉を使ったからといって，筆者と協力教師は家事が無償の労働という考え方に同意するわけではない。参見：二宮厚美. ジェンダー平等の経済学：男女の発達を担う福祉国家へ[M]. 東京：新日本出版社，2006.

② 発言の意味の誤解を避けるために，本節で挙げた記述の例は，中国語の原文に基づいて筆者が訳したものである。

をAグループに，賛成の理由も反対の理由も記入した学習者20人をBグ
ループに編成し，第2時の活動に参加させた。

　Aグループが記入したワークシート1の内容について，寿退社に反対す
る考え方をKJ法によってカテゴリ化した。その結果，【個人のライフス
タイル】，【家庭生活】，【社会発展】の大きく三つのカテゴリが，その
下位カテゴリとして全10カテゴリが作られた(表5-5)。

　その中で，【個人のライフスタイル】カテゴリは，表5-5で示したよう
に，個人的な視点での理由である。【家庭生活】カテゴリは，家庭のあ
り方の観点から，寿退社せずに共働きでいることの利点を述べた意見群
である。【社会発展】カテゴリは，社会発展の視点から，寿退社に反対
する理由を述べた意見群である。

表5-5　Aグループの「寿退社」に反対する理由

カテゴリ		人数*	
個人のライフスタイル	仕事が人生の価値や理想の実現につながる	13	17
	働くことで経済的に自立できる	8	
	離婚後の生活が不安	2	
	一人で家事をするのは疲れるしつまらない	8	
	独身の選択肢を示す	1	
家庭生活	世帯収入を増やす	4	8
	一緒に家事をすると負担が減る	2	
	一緒に家事をすることで相互理解が深まる	3	
社会発展	適材適所	6	7
	考え方の定着によりもたらされた差別への懸念	3	
*人数は延べ人数である。			

個人のライフスタイル　【個人のライフスタイル】カテゴリは，表5-4で
示したように，個人的な視点での理由である。その中で，「女性は自分の

仕事を持ち，家族に縛られず，広い人生を歩む必要がある」というように，ほとんどの学習者が仕事を辞めるか否かという選択を自分の願望や人生観と結びつけた。同様に，「ずっと家にいて家事をするのは，孤独で退屈なこと」というように，8 人の学習者が家事を疲れやすく単調な作業として仕事と対極的に捉えている。また，「長期間辞めていたことで職場での経験がないため，離婚後の再就職が非常に困難になることがある」というように，経済的に自立しないことによりもたらされる極端な結果を2人の学習者が述べた。最後に，「今の社会では結婚しないという選択肢もある」というように，1 人の学習者は結婚が当然視されることに疑問を投げかけた。

家庭生活　【家庭生活】カテゴリは，家庭のあり方の観点から，寿退社せずに共働きでいることの利点を述べた意見群である。まず経済面においては，「個人のライフスタイル」カテゴリの下位カテゴリである【働くことで経済的に自立できる】という観点と類似して，「片方だけが経済を支えるなら，ストレスが非常に溜まりやすい」と4 人の学習者が述べた。また，2 人の学習者からは【一緒に家事をすると負担が減る】，3 人からは【一緒に家事をすることで相互理解が深まる】といった指摘があった。この2 点はいずれも【個人のライフスタイル】カテゴリの【一人で家事をするのは疲れるしつまらない】という考え方の延長線に置かれるといえよう。

社会発展　【社会発展】カテゴリとして，7 人の学習者は，社会発展の視点から，寿退社に反対する理由を示した。そのうち6 人は「寿退社することで埋もれ，あるいは無駄になってしまう優秀な人材がたくさんいるだろう」というように，共働きの世帯が増えると【適材適所】の社会になると指摘した。この【適材適所】の考え方の背景には【仕事が人生の価値や理想の実現につながる】の考え方があり，個人と会社・社会が相互依存しながら各自の目標達成を目指しているという観点があると考えられる。最後に，3 人の学習者は「家族の役割分担に関する考え方」が「定着」

することで，女性に対するステレオタイプが生じる可能性があることを指摘した。この理由から見れば，寿退社は日本特有の社会現象であるため，3人の学習者が授業資料をもとに，想像により新しい社会認識を構築していると推察される。

　このように，Aグループの学習者は，【仕事が人生の価値や理想の実現につながる】という見方・考え方をもとに個人，家庭及び社会を含む多層的な次元において，価値創造，経済的自立，仕事の量及び感情の視点から，寿退社に反対する理由を述べていることがわかる。

5.4.3　Bグループのワークシート1における「寿退社」に対する意見の多様性

　一方，Bグループが記入したワークシート1の内容について，「寿退社」に賛成する意見と反対意見の両方を確認した。KJ法によるカテゴリ化の結果，反対意見では，【個人のライフスタイル】，【家庭生活】，【社会発展】の大きく3つのカテゴリが，その下位カテゴリとして全11カテゴリが作られた。一方，賛成意見では，【個人のライフスタイル】，【家庭生活】の大きく二つのカテゴリが，その下位カテゴリとして全6カテゴリが作成された。

　個人のライフスタイル　まず，【個人のライフスタイル】カテゴリについては，Aグループと同様に，【仕事が人生の価値や理想の実現につながる】，【働くことで経済的に自立できる】，【離婚後の生活が不安】，【一人で家事をするのは疲れるしつまらない】などの反対理由が挙げられた。しかし，グループ全体が【仕事が人生の価値や理想の実現につながる】と考えていたAグループとは異なり，この理由を持つ人は20人中7人だけである。また，その補完的な理由【一人で家事をするのは疲れるしつまらない】を持つ人も4人と，グループAの半数に減少した。それ以外にも，【夫婦の感情に悪い】影響を与える可能性を学習者1人が指摘した。

表 5-6　Bグループの「寿退社」に賛成・反対する理由

「寿退社」に賛成する理由			カテゴリ		「寿退社」に反対する理由	
人数						人数*
7	10	家事に集中できる	個人のライフスタイル	仕事が人生の価値や理想の実現につながる	7	16
7		働かない方が自由で楽		働くことで経済的に自立できる	7	
1		家事を楽しむ女性がいる		離婚後の生活が不安	3	
				一人で家事をするのは疲れるしつまらない	4	
				夫婦の感情に悪い	1	
11	15	子育てに良い	家庭生活	世帯収入を増やす	8	9
6		役割分担により相互理解が得られる		一緒に家事をすることで相互理解が深まる	2	
1		旦那は仕事に専念できる		祖父母の手伝いがあれば寿退社しなくてもいい	1	
			社会発展	適材適所	1	3
				時代の変化に適応できない	2	
				考え方の定着によりもたらされた差別への懸念	3	

＊人数は延べ人数である。

　一方，BグループはAグループに比べて，【家事に集中できる】【働かない方が自由で楽】【家事を楽しむ女性がいる】という三つの賛成理由を挙げた。まず，家事について，Bグループの7人の学習者は，「家事が重たいから，夜だけやると終わらない恐れがある」から家事に専念すべきだとして，家庭生活を維持するために家事を担当する人を設ける必要性を指摘した。この理由は，【一人で家事をするのは疲れるしつまらない】という反対意見とは対照的であり，家族の家事総量に対する前提は同様

であるが賛成か反対かという立場が違うことを反映している。次に,「仕事を辞めた女性は,自由な時間が増え,夫婦で楽しむことができる」というように,【働かない方が自由で楽】という理由が7人の学習者の記述内容から確認した。また,「家に家事をすることが好きな人があります。例えば,私の母(原文のまま)」というように,【家事を楽しむ女性がいる】という理由も見られた。この2点を,反対側の【仕事が人生の価値や理想の実現につながる】という理由と合わせて考察すると,賛成・反対いずれの意見も持っている学習者が,人生の価値と理想として,家事と仕事のいずれをも重視する考え方をもっている。

　家庭生活　【家庭生活】カテゴリでは,【世帯収入を増やす】,【一緒に家事をすることで相互理解が深まる】という2つの理由がBグループの回答にも見られた。このように,共働き家庭がより多くの収入が得られるのが両グループの共通認識になっていることが改めて確認できた。また,Bグループでは,【祖父母の手伝いがあれば寿退社しなくてもいい】という意見も見られた。この意見は,中国では一人っ子政策の後,基本的に一家に一人だけ子女がいるという背景を受け,夫婦の両親とも子育てに協力する余地があるという前提で形成されたと考えられる。

　賛成意見としては,【子育てに良い】,【役割分担により相互理解が得られる】,【旦那は仕事に専念できる】という3つの理由を確認した。「子どもたちと一緒に過ごす時間を増やすことは,子どもたちの成長にもつながる」というように,【子育てに良い】理由は,11人の学習者が挙げている。子育てについての理由は反対側の記述には見当たらない。【役割分担により相互理解が得られる】の意見は同じBグループの【夫婦の感情に悪い】,【一緒に家事をすることで相互理解が深まる】という反対意見と対立している。最後に,【旦那は仕事に専念できる】という意見は,妻が家庭のために自分のキャリアを犠牲にする可能性を示すものである。これは反対意見の【離婚後の生活が不安】,【一人で家事をするのは疲れるしつまらない】という意見と同様に,その背後には仕事は

自分の理想や価値を実現することを促進する一方で家事がそれを阻害するものであるという価値観を反映したと考えられる。

　社会発展　最後に，【社会発展】カテゴリでは，【適材適所】，【家族の役割分担に関する考え方の定着への懸念】に関する理由もBグループで確認された。また，【時代の変化に適応できない】という意見は，学習者が，人は社会の発展に適応するために，常に自分を変えるべきだと考えていることを示している。一方，賛成意見としては社会発展に関する理由は述べられなかった。このことから，寿退社が家庭志向の行動であるということに，全員が同意しているといえよう。

　このように，Bグループの学習者は，Aグループと同様に，【仕事が人生の価値や理想の実現につながる】という価値観をもとに個人，家庭及び社会を含む多層的な次元において，価値創造，経済的自立，仕事の量及び感情の視点から，寿退社に反対する理由を明確に述べていることが確認された。一方，【働かない方が自由で楽】，【家事を楽しむ女性がいる】や【子育てに良い】などの意見を見ると，賛成意見は，人生の価値が仕事より家庭にあるとの考えに基づくものであろう。さらに，【一緒に家事をすると負担が減る】，【一緒に家事をすることで相互理解が深まる】という意見のように，賛成意見は家事を仕事以外の時間で終わること，なおかつ夫婦の感情を深める手段としてみなしている。それに対して，【家事に集中できる】，【役割分担により相互理解が得られる】というように，反対意見は夫婦のどちらかが専ら家事に携わるのを必要とし，共に家事をやることよりは役割分担による支え合いの方を重要視している。

　これまで考察したように，ワークシート1における学習者の立場確認及び内容分類の結果，当該授業では，学習者が賛成または反対という一方の立場から「寿退社」の意見を表明しただけでなく，賛成・反対の両面から「寿退社」の課題を捉えて意見を表明したことがわかった。さらに，各項目の意見のカテゴリ化の結果を見ると，賛成意見と反対意見のいずれ

も，個人，家族や社会など，アイデンティティに関する多元的な視点から意見を表明したのを確認した。

5.5　分析結果の考察

　ワークシート1の記述における①日本語使用の程度と②記述内容の分析結果から見れば，開かれた多元的な見方・考え方の吟味を図る授業構成は，日本語使用の傾向が低い学習者の主体的な授業参加と日本語学習の意欲向上を促したと言える。

　まず，日本社会・文化に対する意見の表出を保障することを通して日本語能力不足により周縁化する状況を改善する可能性を示した。【日本語で作成中の内容を中国語に修正】の項目から，社会・文化の内容学習を中心とする授業でも，学習者は日本語能力による非対称的な関係の影響を受け，自分の日本語能力の不足に対する判断をして日本語の発言の機会を放棄したことが確認できた。とはいえ，当該授業では日本語の意見表明を諦めた学習者は授業参加を諦めず中国語でも自分の考えを述べていた。これはすなわち，目標言語集団すなわち日本の社会・文化を自分たちのそれと比較させる形で取り上げ，かつ，使用言語を限定しなかったことで学習者全員の発言の正統性が保障されたことを示すだろう。このような学習者は，日本語の発言はできないが，第2時の授業活動では日本語にとらわれずできる限り積極的に授業参加を行い，聞く，読むという方法で日本語をたくさんインプットし自分の日本語能力を向上させると考えられる。積極的な授業参加とは，授業の実践共同体への積極的参加であり，すなわち「正統的周辺参加」が高まったと言える。ただし，日本語授業の最終目標は日本語学習であるため，さらに日本語授業の実践共同体の中心へ移動するためには，日本語をさらに学習する必要がある。自分の意見をアウトプットすることは難しくても積極的に授業参加することによって，より多くの日本語をインプットすることができ，学習

者の日本語学習を促すことができる。意見の表出を保障する授業設定は学習者の日本語授業の実践共同体への正統的周辺的参加を促し，学習者の周辺的参加の高まりが，目標言語集団への正統的周辺参加のための日本語学習意欲を向上させると言える。

　次に，日本社会・文化に対する意見表出の正統性は開かれた見方・考え方の吟味を図る授業構成に支えられると考えられる。第 2 章で述べたように，教師は社会の主流の考えという特定の見解に固執し，それを学習者に学習させる場合，異なる立場にある学習者は教師からの「社会化」の圧力で自分の意見の表明を諦めがちである。この点を克服するために，当該授業は日中両国のそれぞれ異なる立場の観点の説明・比較を通して，以下二点を図った。①片働きについて，両国では賛成・反対の意見の割合が異なり，どちらの立場を選んだ学習者にも，帰属できるマジョリティの集団がある。この情報の提示により，学習者に自由に賛成と反対の立場を選択できる授業空間を構築した。②両国の社会発展段階などが異なり，両国の人々が同じ価値判断を行なったとしてもその理由や基準が異なる場合が多い。このような両国の事例学習を通して片働きの課題を捉える多元的な視点を形成させた。この二点を通して，意見形成の方向性を十分に確保することにより，意見表出の正統性が保障されたと言える。

5.6　小　　結

　本章では，開かれた多元的見方・考え方の吟味を図る授業構成によって，学習者の主体的参加と意欲の向上が促進されたことを検証するために，第 4 章で開発した授業構成をもとに，日本語学習の単元を開発・実施した。授業で配布したワークシート1の記述における，①日本語使用の程度と②記述内容の考察を通して，次の三点を明らかにした。

　第一に，ワークシート1の記述の分析結果から見れば，開かれた多元的

な見方・考え方の吟味を図る授業構成は，日本語使用の傾向が低い学習者の主体的な授業参加と日本語学習の意欲向上を促したことが確認された。

　　第二に，ワークシート1における日本語の使用程度と修正の有無に関する分析結果は，日本社会・文化に対する意見の表出を保障することを通して日本語能力不足により周縁化する状況を改善する可能性を示した。

　　第三に，ワークシート1における記述内容の分析結果は，日本社会・文化に対する意見表出の正統性が開かれた見方・考え方の吟味を図る授業構成に支えられると示唆した。

　　このように，当該授業では，開かれた多元的な見方・考え方の吟味を図る授業構成により日本語使用の傾向が低い学習者の主体的な授業参加と日本語学習の意欲向上を促したと言える。

　　この結果から，第4章で仮設した授業モデル(図4—1)が概ね妥当であったことが示されたと言えるだろう。すなわち，図4—1にあるように，「社会・文化の内容」について「開かれた多元的見方・考え方の吟味」ができるような工夫をすることで(展開①-③)，学習者に「自主的な思考」を促すことができた。さらに「自分自身の立場から」見方・考え方を作り表明する環境を作った(展開④⑤)ことにより「自発的に発言」することを促した。このようにして，日本語使用の程度が低い学習者であっても「正統的周辺参加」が可能になり，日本語学習意欲の向上が見られたと考えることができるだろう。

◎引用文献

[1] 河野辺貴則. 参加型人権学習 「ランキング」 の授業分析研究 人権教育を通じて育てたい資質・能力の構成要素に焦点をあてて[J]. 教育実践学研究, 2017, 19(1)：1-13.

第 6 章　総合考察

　本研究は，中国の高校日本語科日本語学習者を対象とし，学習者が明確な学習動機をもつにもかかわらず周縁化する原因を検討し，改善授業の授業構成原理を明らかにするために，改善課題の実証的考察，モデル授業の開発並びに，授業モデルの効果考察を行った。第 6 章では，まず，本研究全体のまとめを述べ，次に，そこから得られる示唆を授業モデルとして構築して提案することとする。最後に，本研究の限界と今後の展望を述べる。

6.1　本研究の要約

　第 1 章では，本研究の背景や目的について述べた。まず，中国の高校日本語学科の日本語教育の現状および実践的課題をまとめた。加えて，アイデンティティの視点から授業改善の必要性を検討した。その上で，本研究の目的と方法を提示した。

　第 2 章では，主体性を尊重した外国語学習を図る授業構成に関する実践的課題を先行研究に基づいて検討した。正統的周辺参加論から見れば，言語学習の主体性は，学習に関わる実践共同体における正統性と周辺性に依存し，外国語授業で興味関心があるにもかかわらず学習意欲が低下するという状況は，社会・文化の内容学習により周辺的参加を支える授業方略がかえって学習者の正統性を失わせ，周縁化を助長したことに起因すると考えられる。さらに，主体的な参加を図る外国語授業事例

に関する先行研究を検討したうえで，授業の実践共同体において学習者の正統性を図り，自分自身の立場から意見を表出する機会の保障を主体性尊重の外国語授業開発の最重要課題として析出した。この課題に取り組み，目標言語集団に「存在する多様な視点を理解し」，目標言語話者の「意見との共通点を見つけることが可能であると認識」させる授業を開発するために，社会系教科教育で蓄積された見方・考え方の吟味の研究成果を外国語教育に取り入れて，改善授業の構成原理を検討するという本研究の方向性を示した。

　第3章では，日本語学習の授業において周縁化が起きる原因を検討するために，中国高校日本語科の日本語に関する知識重視の授業と，自国と他国の社会・文化の内容を題材とした授業とにおける学習者の学習過程の比較を行った。その結果，知識偏重の授業では，インフォメーション・ギャップの生成により学力の非対称関係が構築された。このような関係のもとで，学力が比較的に低い生徒が自分への評価を維持するために沈黙し，周縁化したと考えられた。一方，社会・文化の内容学習を行う授業では，学力の非対称関係が存在しているが，将来目標言語集団へ参加するのに向けて，他の成員と平等で支え合っている関係において発言したことが確認できた。これにより，本研究の第1の課題であった，学習者が自分自身の立場から意見を表出する機会が保障されうる社会・文化の内容を取り上げた，授業構成の必要性を示した。

　第4章では，日本語学習者に自分の意見の表出機会を保障する授業構成を開発するために，日中両国における家族での女性の権利・役割分担に関する社会問題を取り上げ，開かれた多元的な見方・考え方の吟味を目指す授業を開発・実践した。その結果，〔日中両国における社会問題を取り上げ〕，〔日中の社会的な価値を相対化〕し，なおかつ〔相対化した社会的価値の共通点の導出〕という授業構成を開発・実践した。その上で，改善授業の構成原理として「開かれた多元的な見方・考え方の吟味による発言機会保障の外国語授業モデル」の仮設を行った。

　第5章では，第3の課題として，中国高校日本語科において，第4章で
作られた「開かれた多元的な見方・考え方の吟味による発言機会保障の
外国語授業モデル」に則って，日本語の授業を開発・実施し，主体的な日
本語学習への促進効果が見られたかを検証した。授業で配布したワーク
シート1の記述における，日本語使用の程度と記述内容から，日本社会・
文化に対する意見の表出を保障することを通して日本語能力不足により
周縁化する状況を改善でき，さらに日本社会・文化に対する意見表出の
正統性は開かれた見方・考え方の吟味を図る授業構成に支えられること
を確認した。すなわち，第4章で仮設した「開かれた多元的な見方・考え
方の吟味による発言機会保障の外国語授業モデル」が概ね妥当であるこ
とが示された。

6.2　主体的な日本語学習を促す授業構成原理

　以上の結果から，第4章で示した「開かれた多元的な見方・考え方の吟
味による発言機会保障の外国語授業モデル」は，学習者の主体的な日本語
学習を促す基本的なモデルとして妥当であると言えるだろう。すなわ
ち，まず，第4章では，開かれた多元的見方・考え方の吟味を図る授業で
は，学習者に自主的な思考を促し，両国共通の社会論争問題をめぐる多
様な視点の存在を理解して自分自身の立場から意見を表出させたのを確
認した。このような授業では，教師が特定の観点に固執してそれを生徒
に押し付けることはなく，学習者が自分の発言を教師に認められないた
めに授業参加の正統性を失うことを防ぐことができたと考えられる。

　次に，第5章の学習者に自分自身の立場からの発言を求める授業では，
学習者間の対等的な関係が構築できた。この関係の構築により，学習者
が学力の格差による非対称的な関係で周縁化することを防ぐことができ
たと考えられる。

　従って，本研究の結果として，主体的な日本語学習を促す授業構成原理

として開かれた多元的な見方・考え方の吟味を図ることを通して，意見表出の正統性を保障しながら，学習者間に非対称関係を作らないことが必要であることを見出した。具体的には以下の点が指摘できる。

　まず，意見表出の正統性を保障することが挙げられる。そのために授業で取り上げる社会・文化の内容として，開かれた多元的な見方・考え方の吟味を図る授業であることが必要である。それによって，誰もが自身の視点から，教師の取り上げた社会・文化の内容に対して，自分の観点を形成し，共有することができる。すなわち，このような授業では，誰もが対等に正統性をもって自主的に考え，意見を表出することができる。

　もう一つの原理として，学習者間に非対称関係を作らないことである。そのために，日本語の授業であっても，文法等の知識偏重でなく，中国語の使用も許されることが必要であろう。

　そして，そのための授業として，特定のトピックスについての目標言語集団と自国の価値観の提示，それらの相対化と共通点の導出，学習者間での日本語・中国語を用いた討議が行われることが考えられる。それによって学習者は多元的な見方・考え方について学び，同時に学習者間にも多様な見方・考え方があることを知り，自身の見方・考え方の吟味が促される。学習者は多様性を認められるこの授業において，対等な関係で臆することなく自身の考えを述べることができるのである。

　以上の考察から，中国の高校日本語学習者の主体性を尊重した外国語学習を図る授業モデルの1つとして，第4章で仮設した，次のモデルを示すことができるだろう（図6-1）。すなわち，「社会・文化の内容」について「開かれた多元的見方・考え方の吟味」ができるような工夫をすることで，学習者に「自主的な思考」を促し，さらに「自分自身の立場から」見方・考え方を作り表明する環境を作ることにより「自発的に発言」することを促す。このようにして，全ての学習者は「正統的周辺参加」が可能になり，日本語学習意欲の向上が期待できるというものである。

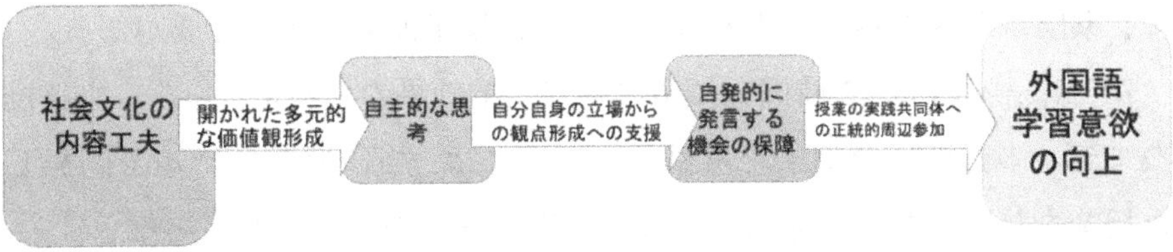

図 6-1　開かれた多元的な見方・考え方の吟味による発言機会保障の
外国語授業モデル(再掲)

　無論，このモデルに則った具体的な授業は，その展開の仕方において，学習者の状況や取り上げるテーマ・トピックスに合わせて多様な方法が考えられるだろう。例えば，第 2 章で取り上げた「共同体参加プログラムの活用」などの授業方法が挙げられる。また，第 5 章の授業実践において，各学習者の意見に基づいてグループを二つ設定し，それぞれのグループ内での討議によってグループとしての意見を形成させ，その上でグループ間での意見交換を行わせた。全ての学習者が対等に討議に参加できる，優れた工夫と言える。こうした具体的な授業展開についてのモデルは，より実践的な研究関心として今後の課題としたい。

6.3　本研究の限界と今後の課題

　本研究の限界と今後の課題について以下三点があると考えられる。
　第一に，本研究は中国語高校日本語科の改善授業の事例として，2 時間のミニ単元を開発した。第 5 章で述べたように，中国の高校日本語科教科書は 7 時間の課ごとに編成された。今後は本研究で開発した授業モデルをもとに，7 時間の総合的な外国語活動の授業構成をさらに開発することが必要である。
　第二に，本研究は日中の家族に関する内容をもとに授業開発をした。主体性を尊重した授業活動を充実させるために，当該授業モデルをもと

に，家族の内容以外にも他の題材をもとに授業開発をする必要がある。

　第三に，本研究は2 時間の授業のみで授業効果の考察を行った。当該授業モデルの長期的な効果を考察するためには，当該授業モデルで開発した授業を長時間受けた学習者に与える影響を検討する必要がある。

付　　録

付録1

ワークシート1

「男は外,女は内？」1

蘇州S中学校　氏名（　　　）

女性の「寿退社」に賛成するか,反対しますか。

賛成でも反対でも大丈夫で,あなたの判断と3つの理由を書いてたさい。

(賛成・)反対の理由1：

_____

(賛成・)反対の理由2：

_____

(賛成・)反対の理由3：

_____

付録2

ワークシート2（生徒用）

「男は外,女は内？」2

蘇州 S 中学校　氏名（　　　）

（一番良い家庭生活様式を一緒に考えましょう！）

先生に助けてください!

李さんと田中さん,2 人とも会社員です。結婚したら,2 年後には子ども
を産みたいです。出産準備が必要ですし,子どもの育てにも時間がかか
ります。しかし,子どもが生まれると経済的な負担が大きくなるとも2 人
が心配しています。

　2 人はどうすれば良いのでしょうか。誰か仕事を辞めた方が良いです
か。あなたのお考えを教えてください!

　A:共働き　　　　B:片働き　「家庭主婦（夫?）」

ワークシート2(発表用)

		重要な要素	その理由
1	共片	(　　　　)	(　　　　　　　　　)
2	共片	(　　　　)	(　　　　　　　　　)
3	共片	(　　　　)	(　　　　　　　　　)

付録3

ワークシート3(生徒用)

感想

←   (   )

←   (   )

←   (   )

あとがき

　本書の作成にあたり，実に多くの方々からご指導ご助言を賜りました。本研究をまとめられましたことは，ひとえに皆様のご助力あってのことです。心より感謝申し上げます。

　博士課程の主指導教員である上越教育大学教授・越良子先生には，元の主指導教員梅野正信先生が定年退職された際，私を指導学生として快く引き受けてくださり，心から感謝いたします。なかなか論文のオリジナリティを説明できず焦る中，いつも励ましの言葉で研究全体の構造並びに，具体的な論理や論文の書き方を懇切丁寧にご指導いただきました。先生の温かいご指導がなければ，本研究をまとめることはできませんでした。あらためて，ここに感謝の意を表します。

　上越教育大学名誉教授/学習院大学教授・梅野正信先生には，修士段階から博士課程三年目まで懇切丁寧なご指導と，来日したての頃から温かなご支援を賜りましたことに深く感謝しております。研究指導だけではなく，研究者としてのお手本を示されたことも，私の研究観や人生観に大きな影響を与えてくださいました。深く感謝申し上げます。

　また，副指導教員である上越教育大学教授・釜田聡先生には，国際理解教育に関して，修士段階から多くのご指導やご助言をいただきました。同副指導教員である兵庫教育大学教授・森廣浩一郎先生は博士認定候補試験の際に貴重なご指導，ご助言をいただきました。厚く御礼申し上げます。

　兵庫教育大学教授・福田喜彦先生と鳴門教育大学准教授・井上奈穂先

生には，社会系教科教育の研究内容や方法，特に本論文の中心となっている価値観形成の理論に関して数々のご指導やご助言をいただきました。両先生のご指導や励ましのお言葉のおかげさまで，論文掲載への第一歩を踏み出すことができ，その成果を本博士論文としてまとめることができました。深く感謝申し上げます。

　上越教育大学准教授・野澤有希先生には，中国の教育課程・教育政策について貴重なご指導，ご助言をいただき，お会いするたびに，いつも温かい励ましの言葉をかけていただきました。本当にありがとうございました。

　育英大学教授・蘭千壽先生には，研究成果としての授業モデル構築に関して貴重なご意見を賜りました。深く感謝申し上げます。

　華東師範大学教授・沈暁敏先生には，連合大学院プロジェクトUのシンポジウムをはじめ様々な機会において数々のご指導，ご助言をいただきました。厚く御礼申し上げます。

　加えて，本研究の授業設計，実施や分析にあたっては，蘇州第三中学の唐笑叶先生と，成都外国語学校の王恬静先生に，多くのご支援，ご助言をいただきました。中国の高校の日本語教育の改革の最前線に立っておられる教育実践者として，両先生が数多くの教育経験を踏まえた貴重な話を賜りましたことに心より感謝申し上げます。また，修士課程より同じ梅野ゼミに所属し，博士課程においても共に切磋琢磨してきた四国大学講師・河野辺貴則先生には，授業分析方法など様々なご支援を賜りました。本当にありがとうございました。

　同じ越ゼミ所属の新元朗彦先生，渡邉信隆先生には，ゼミの折に，多くのご助言や温かい励ましの言葉をいただきました。上越教育大学講師・渡邉政寿先生には，連合大学院の先輩として，授業開発のご支援，ご助言ならびに，第二言語習得論に関して多くのご教示をいただきました。連合大学院学習臨床連合講座の付成さんには，授業分析や英語文献の読み方に関して数多くのご協力をいただきました。また，早稲田大学大学院

日本語教育研究科博士後期課程の鄭潤静先生には，韓国の高校日本語教育について貴重なご教示を賜り，韓国での学会発表に導いてくださいました。先生方のご支援・ご助言無くして本研究の成立はあり得ませんでした。先生方との出会いに深く感謝申し上げます。

　本研究を進めるにあたり，数多くの先行研究に支えられたことは言うまでもありません。ここに感謝の意を表します。

　そして，七年間お世話になっており，さらに急病で受診の際に助けていただいた上越教育大学研究連携課国際交流・地域連携チームの先生の方々に感謝の意を表します。また，ロータリー米山奨学金の関係者の方々には，博士課程で雪中送炭のような経済的な支援をいただきました。本当にありがとうございました。

　最後に，ロータリー奨学金のカウンセラーとして奨学金支給終了後も物心両面にご支援いただいた，直江津ロータリークラブ会員/相村建設株式会社社長・相澤吉久様，相村の一員として受け入れ，様々なご教示・ご支援を賜りました相村建設社員の方々並びに，遠くから見守ってくれた母親に心から感謝いたします。ありがとうございました。

王佳穎

2022 年 9 月 30 日